Arash Amanipour

Implementação da partilha de informações nas redes da cadeia de abastecimento

Arash Amanipour

Implementação da partilha de informações nas redes da cadeia de abastecimento

ScienciaScripts

Imprint

Any brand names and product names mentioned in this book are subject to trademark, brand or patent protection and are trademarks or registered trademarks of their respective holders. The use of brand names, product names, common names, trade names, product descriptions etc. even without a particular marking in this work is in no way to be construed to mean that such names may be regarded as unrestricted in respect of trademark and brand protection legislation and could thus be used by anyone.

Cover image: www.ingimage.com

This book is a translation from the original published under ISBN 978-3-330-35198-1.

Publisher:
Sciencia Scripts
is a trademark of
Dodo Books Indian Ocean Ltd. and OmniScriptum S.R.L publishing group

120 High Road, East Finchley, London, N2 9ED, United Kingdom
Str. Armeneasca 28/1, office 1, Chisinau MD-2012, Republic of Moldova, Europe
Printed at: see last page
ISBN: 978-620-7-65761-2

Resumo

Este trabalho tem como objetivo identificar a importância da integração da partilha de informações nas redes da cadeia de abastecimento. Além disso, investiga os efeitos da implementação da partilha de informações entre os componentes da cadeia de abastecimento. Os factores determinantes e as desvantagens da transparência da informação são analisados e são apresentadas sugestões para alcançar um equilíbrio numa cadeia de abastecimento de empresas. É apresentada uma discussão aprofundada sobre os méritos e deméritos da partilha de informações e da exposição de informações privadas para realçar a importância da implementação das TIC e do comércio eletrónico no mercado volátil de hoje. É efectuada uma análise de risco para identificar os riscos inerentes à aplicação avançada das TIC entre os membros da cadeia de abastecimento. Além disso, foi feito um esforço para sugerir abordagens para atenuar os riscos envolvidos, a fim de gerir o inesperado. No final deste trabalho de tese, são introduzidas outras referências de estudo para uma investigação mais aprofundada sobre o assunto discutido.

"Para a minha falecida avó.

Conteúdo

Capítulo 1

Introdução

A fórmula para o sucesso no mundo empresarial foi grandemente influenciada pela globalização. Devido à forte concorrência global, à diversidade de produtos e à moderna tecnologia de processos, os requisitos para que uma empresa possa competir a um nível razoável mudaram e as exigências são maiores do que no passado. Nas últimas duas décadas, os prestadores de serviços de distribuição desempenharam um papel importante na logística internacional e nas estratégias de distribuição para empresas e clientes privados. Desempenharam um papel importante no crescimento das economias ocidentais. A concorrência deixou de depender principalmente de preços competitivos para passar a depender também de vários outros factores. Uma série de outros factores importantes que desempenham um papel importante na concorrência global são: a qualidade, a eficiência dos produtos e serviços, bem como a flexibilidade geral em relação às normas e exigências do mercado. Por conseguinte, os níveis de gestão empresarial têm de desenvolver estratégias adequadas para que estes objectivos sejam alcançados.

A continuação e a evolução potencial de uma empresa depende muito destes factores e o desempenho global deve estar intimamente ligado aos objectivos estratégicos destes vários aspectos. A forma como uma empresa executa a sua estratégia para atingir os objectivos projectados é crucial para que possa progredir e evoluir no futuro. Os processos devem ser exactos e bem definidos para que a gestão intermédia possa ter uma visão clara do progresso dos processos na realização da estratégia global.

Os processos de criação de valor são, na sua maioria, desencadeados por fluxos de informação como a informação sobre a procura, o estado do inventário e o cumprimento das encomendas. O fluxo de informação pode também ser visto como o agente de ligação entre o fluxo de materiais e o fluxo financeiro (Supply chain risk management: identification, evaluation and mitigation techniques, S.Nurmaya Musa, p.5 2012).

Um único evento de risco pode facilmente perturbar pelo menos um dos fluxos da cadeia de abastecimento. Na maioria dos casos, o impacto da perturbação pode ser observado ao longo da cadeia de abastecimento. Qualquer problema na cadeia de abastecimento provocará atrasos e mesmo perturbações (Buzacott, 1971).

O número crescente de estudos de investigação sobre as rupturas na cadeia de abastecimento resultantes da instabilidade económica e política, da dinâmica volátil do mercado, de catástrofes naturais ou de acções humanas, demonstrou que as questões de risco estão a tornar-se a nova norma nas operações da cadeia de abastecimento (Berger et al., 2004; Christopher e Lee, 2004; LaLonde, 2004; Norrman e Jansson, 2004; Poirier etal, 2007; Quinn, 2006; Tang, 2006).

Vale a pena referir que, apesar da crescente preocupação com os riscos demonstrada por estudos e peritos em interacções da cadeia de abastecimento, o reconhecimento de um problema por parte de um indivíduo, bem como a sua preparação, varia substancialmente. Sem preparação e precaução, é necessário tempo para que o sistema recupere do impacto (Hendricks e Singhal, 2005; Sheffi e Rice, 2005).

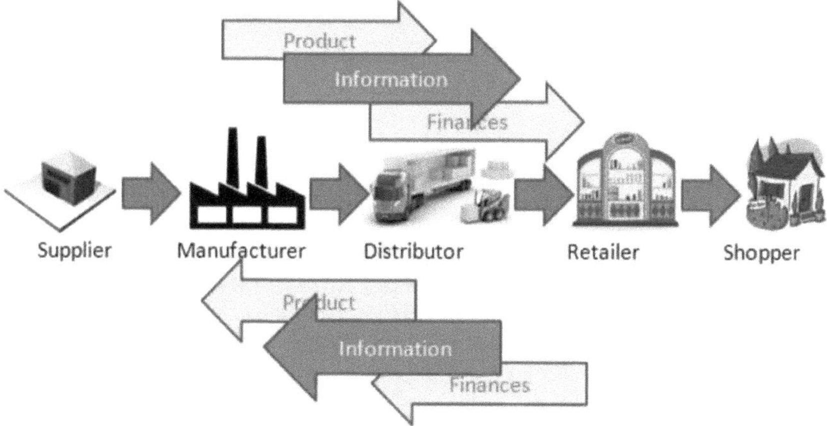

Figura 1 Fluxos da cadeia de abastecimento (http://www.biz-developmentcom/SupplyChain/6.20.15.supply-chain- management-finance-resources.htm).

Obviamente, os riscos no fluxo de informações afectam negativamente todo o fluxo de materiais e o fluxo financeiro, o que realça a importância de ter em conta a importância de ter em conta os riscos envolvidos no fluxo de informações, alguns dos quais são enumerados a seguir:

- Exatidão das informações

- Segurança e perturbação dos sistemas de informação

- Propriedade intelectual

- Externalização da informação

Capítulo 2

Qual a importância da implementação do comércio eletrónico e da tecnologia de partilha de informações?

A tecnologia da Internet obrigou as empresas a redefinir os seus modelos de negócio de modo a melhorar o desempenho alargado da empresa (Simchi-Levi, 2001). Há muitas tendências de que aqueles que terão sucesso são os que usam a Internet como um complemento às formas comuns de competir (Porter, 2001). Por conseguinte, a tónica recairá sobre a rentabilidade e a procura de reduções de custos. É da maior importância que cada elo de uma cadeia de abastecimento suporte os seus próprios custos, o que resulta numa redução da estrutura de custos de todo o processo. Além disso, existe também uma procura crescente de diferenciação dos produtos e de uma personalização diferida dos mesmos, o que influencia substancialmente a conceção da cadeia de abastecimento

(Kenth.R.Lumsden, Ola Hultkrantz, Pehr-Ola Persson, Competitive Strategies for Logistics Companies in the e-commerce era, pl, 2001). A importância dos desenvolvimentos no comércio eletrónico para as cadeias de abastecimento foi bem referida em DTI/Foresight, 2000:

> *até 2010, todas as empresas, exceto as mais tradicionais, terão redesenhado as suas cadeias de abastecimento e distribuição para ter em conta o comércio eletrónico. As que não o fizerem, há muito que terão deixado de existir".*

No comércio eletrónico, é habitual acrescentar um e- aos nomes dos serviços prestados aos clientes como prefixo, tais como e-business, e-purchase e e-logistics, para informar o leitor de que o serviço é adaptado através de comércio baseado em computador (Kenth R. Lumsden, 2001). Da mesma forma, a e-Logística é introduzida como a nova exigência de soluções logísticas eficientes em relação ao comércio eletrónico. De acordo com a UPS, a definição de e-logística envolve os seguintes serviços na sua oferta de produtos (www.e-logistics.ups.com):

- Uma rede de centros de distribuição

- Serviços de receção e armazenamento de entrada

- Captura e processamento de encomendas

- Execução das encomendas (recolha, embalagem e expedição)

- Serviços básicos de devolução

- Relatórios programados

Outras definições de e-logística indicam que a letra e na frente de e-logística representa uma oferta alargada que inclui mais serviços e mais informações; Borri indica que a letra funciona como um meio de melhorar o processo, controlar a qualidade do serviço logístico e tranquilizar o destinatário final (Borri, 2000). Esta definição não difere muito da definição tradicional de serviços logísticos, exceto no que diz respeito à ênfase numa melhor satisfação das encomendas, bem como na utilização das tecnologias de informação disponíveis. No entanto, há uma diferença importante: a empresa envolvida na e-logística esforça-se por desempenhar um papel mais importante na cadeia de valor entre o fornecedor e o cliente final, a fim de assumir operações de valor acrescentado em comparação com os processos logísticos tradicionais (Kenth R. Lumsden, 2001).

A palavra e-logística está intimamente associada à palavra comércio eletrónico. Para que se possa compreender a e-logística, é necessário definir a palavra comércio eletrónico. Os sistemas de comércio eletrónico podem ser caracterizados através das seguintes afirmações (www.e-logistics.ups.com):

- Ligação direta entre compradores e vendedores

- Apoiar o intercâmbio de informações totalmente digitais entre eles

- Suprimir os limites de tempo e lugar

- Suportam a interatividade e, por conseguinte, podem adaptar-se dinamicamente ao comportamento do cliente

- Pode ser atualizado em tempo real, pelo que está sempre atualizado

De acordo com Sawhney (2001), existe uma definição simples de comércio eletrónico:

"O comércio eletrónico é a facilitação da compra e venda através da tecnologia de rede."

Esta citação sublinha outra ligação importante que é a "tecnologia de rede". O comércio eletrónico permite a comunicação entre os componentes da cadeia de abastecimento a nível global, o que alarga a perspetiva de uma empresa de uma perspetiva local ou regional para uma perspetiva global que oferece muito mais oportunidades à empresa em causa. Quanto maior for o comércio eletrónico, maiores deverão ser os serviços de logística para satisfazer as necessidades das empresas que actuam globalmente na Internet. A mudança discutida exige alterações nos serviços de logística que são caracterizados como e-logística (Dog ericsson, 2000).

Kalakota (1999) define o comércio eletrónico e o e-business como "compra e venda através de meios digitais".

"O cibernegócio, para além de englobar o comércio eletrónico, inclui aplicações de front e backoffice que constituem o motor das empresas modernas" (Kalakota, 1999).

É evidente que, para poder competir com outras empresas, têm de ser aplicadas novas estratégias de adoção na empresa; mais precisamente, isso pode ser feito oferecendo um conjunto de valor alargado ao cliente em diferentes fases de conceção, produção ou distribuição. Este valor alargado é, por sua vez, a forma de a empresa se diferenciar dos seus rivais concorrentes para construir estratégias competitivas que lhe permitam atrair novos clientes e, consequentemente, aumentar a sua margem de lucro no mercado feroz e competitivo de hoje (Kenth.R.Lumsden, Ola Hultkrantz, Pehr-Ola Persson, Competitive Strategies for Logistics Companies in the ecommerce era, p4, 2001).

Dog Ericsson (2000) definiu o comércio eletrónico como:

"O comércio eletrónico pode ser definido como a criação de transacções com base em meios electrónicos - principalmente a Internet - apoiada pela realização de transacções que podem ser digitais mas que, na maioria dos casos, se baseiam em movimentos físicos - logística".

Capítulo 3

Métodos e materiais

"A anti-fragilidade é o segredo do sucesso num mundo cheio de incertezas, um sistema para transformar mutações aleatórias em vantagens duradouras... A anti-fragilidade está para além da resiliência ou da robustez. O resiliente resiste aos choques e permanece o mesmo; o antifrágil melhora". (Antifrágil, coisas que ganham com a desordem, Nassim Nicholas Taleb, 2012).

Para analisar a investigação e as tendências actuais no âmbito deste tema, os artigos são recolhidos através de uma pesquisa bibliográfica e de uma análise bibliométrica de revistas seleccionadas, na sua maioria revistas de análise de negócios e de ciências de gestão ou de investigação operacional. Além disso, foi efectuada uma pesquisa exaustiva sobre o tema e compilada informação num período de dez anos (de 1994 a 2014).

Existem muitos estudos que se centram numa série de factores indicativos do desempenho da cadeia de abastecimento, bem como na razão pela qual algumas cadeias de abastecimento funcionam de forma mais eficiente do que outras. Alguns dos que foram revistos para efeitos do presente projeto de trabalho são: Akkermans etal., 2004; Bhatnagar e Sohal, 2005; Ellinger etal., 1999; Fisher, 1997; Fleisch e Tellkamp, 2005; Fu e Piplani, 2004; Ganeshan et al., 2001; Lee et al., 2000; Li e O'Brien, 2001; Panayides e So, 2005; Perona e Miragliotta, 2004; Strader etal., 1999; Thoneman, 2002; Thonemann e Bradley, 2002). Outro grupo de estudos de investigação foi também estudado e a informação foi compilada e reflectida neste trabalho de projeto que se centra principalmente na forma de medir o desempenho da cadeia de abastecimento, tais como: Beamon, 1999; Gunasekaran etal., 2004; Lai etal., 2002, 2004).

Foram também aplicados outros métodos qualitativos para completar este trabalho de tese. Alguns destes métodos de investigação aplicados são inquéritos a empresas seleccionadas para testar a resiliência do seu fluxo de informação ou outros graus de consciencialização, bem como entrevistas com executores de empresas cujos pontos de vista serão reflectidos neste trabalho de tese.

Pretende-se também desenvolver um modelo quantitativo para calcular as possibilidades de riscos envolvidos nas questões acima mencionadas em diferentes hipóteses para identificar e comparar as vulnerabilidades em diferentes segmentos da cadeia de abastecimento.

A última parte do trabalho de tese centra-se sobretudo nas técnicas de atenuação da gestão do risco para minimizar os riscos envolvidos ou para alcançar a robustez e a resiliência. É também introduzido um novo termo "Antifragilidade" para uma investigação mais aprofundada, uma vez que, do ponto de vista do autor, é a solução definitiva para as mudanças rápidas e imprevisíveis do mercado no âmbito do conceito de gestão do risco, pois permite-nos não só tornarmo-nos robustos, mas também ganhar com a desordem e garantir o sucesso das empresas mesmo em tempo de crise (Antifrágil, coisas que ganham com a desordem, Nassim Nicholas Taleb, 2012).

A revisão da literatura de diferentes fontes chama a atenção para o facto de muitos estudos terem sido dedicados a realçar os benefícios da partilha de informação, no entanto, pouca atenção tem sido dada à caraterização inclusiva da partilha de informação nas cadeias de abastecimento. Neste documento, tenta-se dissipar a confusão envolvida no conceito de visibilidade total entre os membros da cadeia e os possíveis riscos que podem surgir devido à partilha de informações e à integração dos sistemas da cadeia de abastecimento. Ninguém pode negar o importante papel das tecnologias da informação na era do comércio eletrónico e da e-logística e nenhuma empresa está disposta a ficar atrás dos seus concorrentes no avanço dos seus canais de comunicação e na criação de redes mais alargadas e mais eficazes em termos de tempo. No entanto, para manter a vantagem competitiva no mercado, as empresas precisam de preservar e proteger a sua informação estratégica que lhes confere um estatuto mais elevado ou melhores economias de escala (Zheng, S., Yen, D.C. e Tarn, M.J. (2000), "The new spectrum of the cross enterprise solution: the integration of supply chain management and enterprise resource planning systems", Journal of Computer Information Systems, pp. 84-93).

Algumas outras ferramentas utilizadas para a construção deste livro são aqui abruptamente revistas.

Desde o início dos anos 90, foi possível discernir três elementos integradores que controlam os sistemas de medição do desempenho. Para ser mais claro, estes factores estão divididos em três vertentes e são descritos mais pormenorizadamente na (Figura 3.1):

- Ambiente externo da organização
- Estratégia empresarial e de negócio da organização
- Ambiente interno da organização

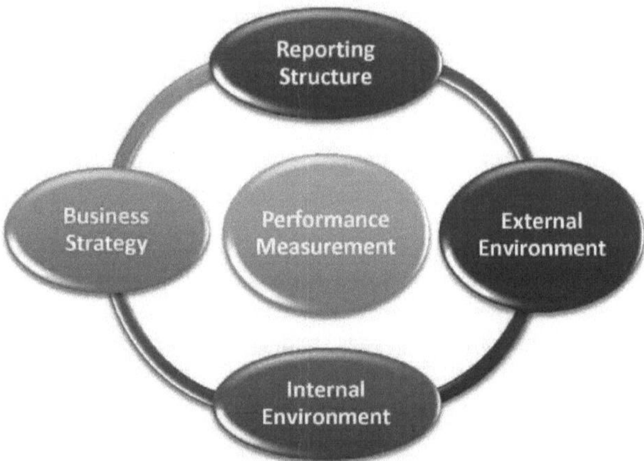

Figura 3.1 O Processo de Gestão do Desempenho (Construção do Autor)

Nesta secção, estes factores serão brevemente analisados.

O ambiente externo da organização é influenciado por factores como: a troca das "Cinco Forças" de Porter, a extensão da administração governamental e o estado da macroeconomia. Os dois últimos factores mencionados podem ser examinados num procedimento de análise ambiental sobre as quatro componentes identificadas como os elementos STEP. Mais especificamente, estes elementos são:

- *Ambiente económico e concorrencial:* Inclui situações macro e microeconómicas que afectam o quadro da concorrência.
- *Ambiente tecnológico*: Abrange o impacto dos avanços tecnológicos na produção, administração, processos e distribuição.
- *Ambiente sociocultural:* Este elemento contém as perspectivas e convicções dos clientes e a forma como estas se alteram em função das características culturais.

  Ambiente político e jurídico: Trata-se do poder do governo para influenciar o comércio e o mercado.

As Cinco Forças de Porter:

A análise dos concorrentes é normalmente efectuada através do modelo das cinco forças. O modelo é um ponto de partida útil no processo, uma vez que aumenta a compreensão do ambiente competitivo a nível macro. As Cinco Forças de Porter (Daniel Ekwall, World Trade and Logistics, Lecture Feb.2013, Figura 3.2) são:

- Poder de negociação dos fornecedores
- Poder de negociação dos clientes
- Ameaça de novos concorrentes
- Ameaça de produtos e serviços substitutos
- Rivalidade entre os actuais concorrentes

Figura 3.2 As Cinco Forças de Porter (Construção do autor)

3.3 Gestão da qualidade total

A gestão da qualidade total é uma filosofia de gestão utilizada para melhorar continuamente a qualidade dos produtos e serviços em determinados processos. (Kanji, G (2002). Sistema de medição do desempenho. *Total Quality Management*) A TQM pode ser resumida como um sistema de gestão orientado para o cliente e que envolve todos os empregados na melhoria contínua necessária para atingir níveis óptimos de desempenho. Em última análise, é o cliente que determina o nível de qualidade. Por conseguinte, independentemente do que uma organização faça para implementar melhorias, como a formação de funcionários, a integração de um nível mais elevado de qualidade no sistema ou a aquisição de novas ferramentas, é o cliente que determina se os esforços valeram ou não a pena. Por esta razão, foram definidos vários factores que devem ser considerados na implementação da TQM e, com base nestes princípios, o sistema de melhoria contínua pode ser implementado no processo. As nove práticas comuns de TQM são:

1. Conceção multifuncional de produtos
2. Gestão de processos
3. Gestão da qualidade dos fornecedores
4. Envolvimento do cliente
5. Informação e feedback
6. Liderança empenhada
7. Planeamento estratégico
8. Formação multifuncional
9. Envolvimento dos trabalhadores

Estas nove práticas estão na base deste projeto de melhoria e, dependendo de quais podem ser aplicadas à DHL, determinaremos quais as partes que precisam de ser optimizadas, bem como o que seria necessário fazer para melhorar o desempenho potencial destas partes da empresa. As principais filosofias que podem ser implementadas na análise TQM deste projeto são:

> Envolvimento total da mão de obra: com base neste conceito, todos os recursos ergonómicos, como os trabalhadores e os gestores, devem trabalhar para o objetivo comum da organização. Um aspeto importante é motivar os trabalhadores para que tomem a iniciativa de quererem ter um desempenho eficaz, em vez de aplicar tácticas de medo e de intimidação. Uma forma de o fazer é ter trabalhadores e equipas que sejam motivados individualmente em vez de estarem constantemente limitados pelo controlo da gestão.

> Orientada para os processos: Uma parte fundamental da TQM é a concentração no pensamento baseado em processos e, por conseguinte, a visão global e a sua dissecação em partes mais pequenas que podem ser analisadas e geridas em conformidade.

> Melhoria contínua: Um dos principais objectivos da TQM consiste em procurar a melhoria contínua, encontrando formas inovadoras de realizar operações, bem como meios criativos para melhorar as já existentes.

> Tomada de decisões baseada em factos: Para se ter uma boa ideia do desempenho de uma organização, é crucial que a recolha de dados e as decisões finais se baseiem em factos e descobertas empíricas fiáveis e baseadas num elevado padrão de medição do desempenho.

> Abordagem estratégica e sistemática: Um segmento crucial da gestão é o facto de ser

organizada de forma estratégica e de os passos necessários para alcançar a missão e a visão finais da organização deverem ser sistematicamente definidos.

3.4 TQM: Maior segurança com menores custos

Embora se considere geralmente que uma qualidade mais elevada reduz os custos, os defensores da Gestão da Qualidade Total (GQT) pensam o contrário. Hau L. Lee e Seungjin Whang (2003) afirmam que o aumento da qualidade não implica necessariamente custos mais elevados. Desaprovam o rastreio como um instrumento inútil e demasiado dispendioso para melhorar a segurança da carga. Se o rastreio aumentar a qualidade da segurança, quanto maior for o controlo, melhor será a qualidade. No entanto, o rastreio é dispendioso e apresenta o risco de erros de tipo I e de tipo II. Embora seja efectuado todo o potencial de rastreio, o resultado final baseia-se na qualidade do rastreio e não na quantidade (Barry Brandman, 2001). Por conseguinte, na perspetiva da TQM, o rastreio não é sugerido como uma forma engenhosa de aumentar a segurança do transporte de mercadorias. Em vez disso, recomenda-se um ciclo de planeamento da segurança, designado por Ciclo de Seis Sigmas (Hau L. Lee e Seungjin Whang, 2003). Este ciclo inclui cinco etapas distintas, como mostra a Figura 3.4

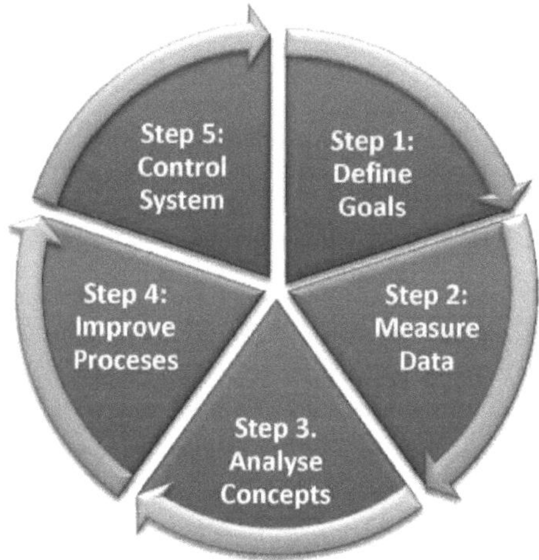

Figura 3.4 Melhoria DMAIC (Construção do autor baseada nos conceitos DMAIC)

O ciclo DMAIC para a Melhoria Contínua:

1. **Definir:** Nesta etapa, os riscos de segurança são reconhecidos e as diferentes formas de os administrar são reconhecidas.

2. **Medida:** Neste nível, são realizadas acções aplicáveis para melhorar a qualidade da segurança. É essencial traçar um esboço simples e detetável do procedimento de segurança

para que todas as partes envolvidas possam seguir todo o processo.

3. Analisar: Nesta etapa, os principais fundamentos são reconhecidos por meio de diferentes ferramentas de avaliação de risco.

4. Melhorar: Os resultados da análise são executados e comunicados aos empregados para que a qualidade da segurança em todos os níveis seja gerida e controlada.

5. Controlo: Aqui, as causas atribuíveis (causas principais) são completamente eliminadas e, se não forem aplicáveis, têm de ser reduzidas ao mínimo possível e o processo deve ser monitorizado continuamente para manter o atual nível de desempenho melhorado.

3.4 Normas de qualidade

Um aspeto importante da qualidade é o facto de, em quase todas as indústrias, ser o principal fator que faz ou desfaz o processo global de criação de valor. No entanto, a qualidade nem sempre é tangível em termos da sua natureza e, em muitas indústrias, a qualidade de um produto é alterada para a qualidade de um serviço e num requisito para determinar o padrão de um serviço com base no desempenho global de cada um dos componentes que estão envolvidos no quadro geral. A perceção da qualidade neste projeto e ao longo deste documento não seria exatamente a mesma do público. Para clarificar o que está implícito no conceito de qualidade, devem ser definidas algumas outras definições técnicas de qualidade.

De acordo com uma norma de gestão da qualidade bem estabelecida, a ISO 9000:2000, a qualidade é:

"O grau em que um conjunto de características inerentes satisfaz os requisitos, ou seja, as necessidades ou expectativas declaradas, geralmente implícitas ou obrigatórias."

Por conseguinte, com base nas definições da ISO 9000:2000, a qualidade de um serviço como o da DHL também pode ser determinada e medida. Quem define a fasquia em termos de padrões de qualidade é o cliente. Por conseguinte, as operações que podem potencialmente acrescentar valor a um cliente são cruciais para que uma empresa tenha uma vantagem competitiva e consiga manter a vantagem no sector. No entanto, a definição de qualidade neste projeto centra-se na obtenção de resultados mais satisfatórios e, em alguns casos, na superação das necessidades dos clientes (Bo Bergman, Bengt Klefsjo, 2006). Esta definição implica que as operações a realizar devem ter o cliente como ponto focal central e, com base nos desejos e necessidades deste ponto focal, podem ser definidos processos para determinar a forma de satisfazer o padrão de qualidade estabelecido por diferentes tipos de clientes. Este conceito de conceber os processos em torno do cliente é um fator de mudança para a maioria das empresas que se esforçam por competir e estar no topo do seu sector. Mostra um ciclo simplificado de como existe uma correlação entre as necessidades do cliente e a qualidade que é alcançada para as satisfazer.

Um projeto típico de Primeira Escolha consiste nas cinco etapas do ciclo DMAIC:

 ⅃ **Definir:** "Qual é o problema do cliente?" Nesta etapa, são abordadas duas ideias: o problema que o cliente enfrenta e a forma como este problema pode ser melhorado. Em seguida, são definidos os passos exactos de otimização para lidar com esta ineficiência.

⌐ **Medida**: "Qual a gravidade do problema em causa em termos de dados mensuráveis?" Os dados são recolhidos para determinar de que forma o cliente está a ser prejudicado em termos de níveis de serviço e são utilizados para avaliar de que forma alguns processos devem ser alterados no futuro.

⌐ **Analisar**: "O que está a conduzir a este problema?" Os dados recolhidos são utilizados para determinar onde se encontra a raiz da ineficiência no sistema total

⌐ **Melhorar**: "Como é que isto pode ser melhorado para corresponder melhor às expectativas dos clientes?" Após a identificação da raiz do problema, é realizado um projeto para melhorar gradualmente a situação no futuro e este novo projeto será eventualmente integrado no processo global, se for bem sucedido.

⌐ **Controlo**: "Como é que o novo sistema pode ser mantido no estado melhorado?" Esta fase foi concebida para garantir que o novo nível de melhoria seja solidificado no sistema a longo prazo,

3.5 O que é o Six Sigma?

3.5.1 *Noções básicas de Six Sigma*

Normalmente, o Seis Sigma é uma abordagem de resolução de problemas que ajuda a melhorar os processos empresariais e organizacionais. Também pode ser caracterizado de muitas outras formas:(Six Sigma for Dummies, 2nd Edition by Craig Gygi, Bruce Williams, Stephen R. Covey)

- Um nível de qualidade de 3,4 defeitos por milhão de oportunidades
- Uma taxa de desenvolvimento de 70 por cento ou superior
- Uma metodologia de resolução de problemas orientada para os dados, que consiste em Definir-Medir-Analisar-Melhorar-Controlar
- Uma abordagem adoptada pelas organizações para criar uma mudança progressiva nos resultados.

O Seis Sigma pode ter um papel importante em muitos tipos diferentes de indústrias. Por conseguinte, não é muito crucial que exista efetivamente um produto que esteja a ser fabricado para se poder aplicar com êxito as metodologias Seis Sigma. A principal caraterística deste conceito é a melhoria do desempenho global, podendo mesmo ser aplicado ao aspeto da eficiência logística numa organização, determinando assim os meios pelos quais os erros no sistema que se desviam do objetivo atual podem ser minimizados.

3.5.2 *Princípios Seis Sigma*

Eis as filosofias vitais do Six Sigma:

> Y=f(X) + 8: Todos os resultados (os Y) são determinados por factores de produção (os X) com um certo grau de incerteza (E).

> Para ajustar ou melhorar os resultados (o Y), é necessário dar ênfase às entradas (os Xs), ajustá-las e mantê-las sob controlo.

> A variação pode ocorrer em todo o lado e reduz o desempenho estável e bom. A nossa tarefa mais importante é encontrá-la e minimizá-la até ao ponto mais baixo possível.

> Medições e dados válidos são pré-requisitos para uma melhoria fiável e inovadora.

> Apenas algumas entradas vitais têm efeitos dignos de nota no resultado. Concentre-se nos poucos fundamentais.

3.6 Implementação Lean

3.6.1 Metodologia Lean:

O pensamento Lean surgiu a partir dos resultados da investigação da Toyota no início dos anos 90 para transformar a forma tradicional de fabrico conhecida como "sistema de puxar" que quase todas as outras empresas de fabrico aplicavam (James P. Womack e Daniel T. Jones Lean Thinking 2003). O que significa simplesmente criar valor para os clientes utilizando menos recursos.

Poder-se-ia dizer que, num sistema ideal, o objetivo final seria criar um processo perfeito para fornecer um valor ótimo aos clientes com zero desperdícios. A eliminação do desperdício pode ser definida em termos de menos esforço humano ou menos capital gasto no processo ou menos tempo para disponibilizar o produto ao cliente a custos mais baixos e com menos defeitos.

O conceito Lean tem sido mal compreendido por muitas pessoas que pensam que é apenas adequado para a indústria transformadora. Esta ideia é falsa porque o Lean pode ser aplicado a todas as empresas e a todos os processos. Para ser mais específico, não é um programa de redução de custos nem uma tática, é uma forma de pensar que envolve todos os níveis e todos os indivíduos ao longo de todo o processo.

3.6.2 Objectivos e estratégias Lean:

Os principais objectivos da implementação da limpeza podem ser diversos, dependendo da abordagem adoptada. Portanto, enquanto alguns acreditam que o foco na melhoria deve ser interno para aumentar o lucro, há outros que afirmam que essas melhorias devem ser feitas apenas para agradar o cliente. Algumas estratégias comuns da gestão lean para atingir os objectivos são

- Melhorar a qualidade: Este é um fator crucial, uma vez que a qualidade é o fator determinante para o sucesso ou não de uma empresa e deve ser constantemente melhorada através de estudos de mercado periódicos que descrevam os desejos e as necessidades dos clientes. Além disso, os processos devem ser concebidos para satisfazer estas necessidades em quase todas as indústrias e só mantendo os estudos de mercado a um nível moderno será possível manter-se no caminho certo para satisfazer as expectativas dos clientes.
- Eliminar o desperdício: Com base nas teorias lean, o desperdício é qualquer atividade que utiliza recursos sem acrescentar valor suficiente ao processo em

simultâneo. Por isso, deve haver um foco na organização para identificar várias formas de desperdício e eliminá-las. Este conceito será aplicado em profundidade neste projeto, a fim de determinar que formas de desperdício existem no processo e como podem ser reduzidas e mesmo eliminadas.

De acordo com o pensamento lean, existem sete tipos de desperdício, a saber

Transporte s
Inventário s
Movimento s
s Em espera
s Sobreprodução
s Sobre processamento
s Defeitos

Os principais tipos de resíduos aplicáveis à situação da DHL são o transporte, o movimento, a espera e o excesso de processamento, e são estas as áreas que terão prioridade na redução de resíduos do presente relatório. Existe uma estratégia sistemática que deve ser seguida quando se implementa o Lean em quase todos os processos e que é feita sob a forma de um ciclo (Figura 3.6.2) que deve ser realizado periodicamente para manter o sistema sob controlo e poder implementar novas melhorias à medida que o tempo passa em termos de avanço tecnológico e inovação.

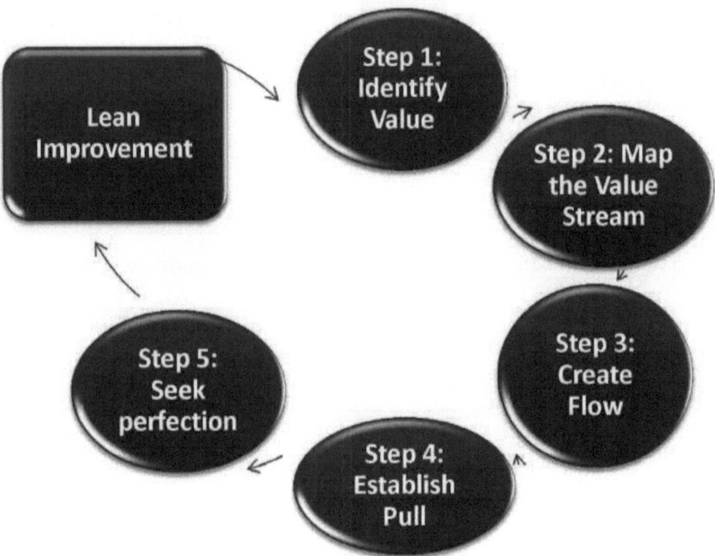

Figura 3.6.2: Ciclo de Melhoria Lean (Construção do autor com base nos princípios Lean
)

Capítulo 4

Discussão

Muitos gestores tendem a pensar nas relações com outras empresas como "opostos polares" e vêem-nas como totalmente cooperativas ou totalmente competitivas. Os meus humildes estudos de diferentes fontes sustentam que o equilíbrio ativo e a compreensão de ambas as posições, competitiva e cooperativa, é a melhor solução para a questão acima mencionada.

Figura 2 Abordagem de tomada de decisão "Polar Opposites

Uma abordagem deste tipo permitiria circunstâncias de "simetria de participação" que produziriam ganhos de desempenho e, consequentemente, maiores economias de escala e rendibilidade.

Recentemente, as relações de colaboração com os clientes e as parcerias integradas no mercado B2B são mais populares do que nunca (Day, 2000). Os intermediários tradicionais de logística e distribuição estão a alterar as suas funções e propostas de valor através das redes digitais (Brousseau, 2002).

Estes prestadores de serviços estão a recorrer a vastos recursos informacionais para explorar o conhecimento do mercado. Enquanto as primeiras iniciativas baseadas na Internet fomentaram as vendas e novas oportunidades de transação, as inovações recentes redefinem as relações, partilham processos e aumentam a colaboração (Wladawsky, Berger, 2009). Por conseguinte, a capacidade de aceder à informação de forma fácil, eficiente e económica fora dos limites da empresa pode gerar mais eficiências para os participantes nas relações de troca (Lee e Whang, 2000).

As questões que se colocam aqui são: como é que os gestores devem personalizar as suas relações quotidianas com os fornecedores e, em particular, com os fornecedores de logística? Como é que devem distinguir as ameaças? Em que casos devem preocupar-se com o oportunismo e em que casos devem confiar na outra componente?

Diariamente, os gestores tomam decisões sobre a "posição" que devem adotar em relação aos parceiros comerciais. Se a postura for competitiva, devem negociar o melhor negócio para a sua própria empresa. Por outro lado, se a postura for cooperativa, devem ter em conta as consequências das suas decisões e acções para os seus parceiros comerciais.

A metodologia de gestão anterior considerava as relações verticais fornecedor-empresa e cliente-empresa como essencialmente competitivas.

Capítulo 5

O modelo das cinco forças para a e-logística e o comércio eletrónico

"A tecnologia da informação pode alterar cada uma das cinco forças competitivas e, consequentemente, a atratividade da indústria. A tecnologia está a descongelar a estrutura de muitas indústrias, criando a necessidade e a oportunidade de mudança (Porter, 1985).

O comércio eletrónico abre as portas do mercado global a todas as empresas, criando muitas oportunidades para as partes envolvidas. Outra vantagem do comércio eletrónico é o facto de as pequenas e médias empresas poderem agora competir com as maiores sem disporem dos mesmos recursos. Além disso, a cooperação com outras empresas foi facilitada, bem como a externalização das funções da empresa, se necessário. Mais importante ainda, as vantagens em termos de custos foram alcançadas através da utilização crescente do comércio eletrónico (Kenth.R.Lumsden, Ola Hultkrantz, Pehr-Ola Persson, Competitive Strategies for Logistics Companies in the e-commerce era, 2001). Como já foi referido, com a implementação do comércio eletrónico, abre-se um leque de novas possibilidades, pelo que as empresas terão a oportunidade de estabelecer um contacto fora do canal de marketing tradicional e o papel das empresas de logística terceiras passa a ser importante.

No modelo das cinco forças de Porter sobre a estrutura do sector, os gestores enfrentam as cinco forças melhorando o poder de negociação em relação aos clientes ou fornecedores. O ambiente em que um gestor toma decisões sobre a interação com outras empresas é visto como totalmente contraditório (Michael Porter, 2001).

Uma das características mais significativas do comércio eletrónico é a barreira à entrada e à saída de um mercado potencial. Isto significa que muitas empresas de comércio eletrónico, como a Bol Nordic e a Smilmer, entre outras, subcontrataram as suas funções logísticas a terceiros; ou têm um stock próprio ou organizam as suas vendas através de cross docking dos seus produtos diretamente dos seus fornecedores (Kenth.R.Lumsden, Ola Hultkrantz, Pehr-Ola Persson, Competitive Strategies for Logistics Companies in the e-commerce era, 2001). As empresas de logística são uma categoria de empresas que estará intimamente ligada ao sucesso das empresas de comércio eletrónico.

Nesta parte do estudo, as cinco forças de Porter são analisadas no que respeita à logística e ao papel crescente das empresas de logística no processo global. É de salientar que, por vezes, é difícil separar os diferentes papéis da empresa de logística numa única categoria; em vez disso, muitas vezes, esta cai numa combinação de categorias, algures entre as duas forças.

1. Participantes potenciais:

A tónica será colocada nos produtos e serviços que as empresas de logística podem oferecer às empresas envolvidas no comércio eletrónico. O comércio eletrónico constitui uma grande oportunidade para as empresas de logística assumirem uma parte maior da cadeia de abastecimento, por outras palavras, para poderem expandir a sua área potencial. Um exemplo da discussão acima referida ocorreu quando os correios suecos assumiram as actividades logísticas da Bol Nordic, uma empresa de venda de livros através da Internet (Persson, 2000). Os Correios suecos criaram uma função especial dentro da empresa que trata das empresas de comércio eletrónico que necessitam de atenção. Entre o fornecedor e o cliente, as partes envolvidas não efectuam qualquer manuseamento físico das mercadorias, sendo tudo tratado pela empresa de logística, que actua como um novo interveniente no processo. Em vez disso, as empresas têm a oportunidade de se concentrar na relação com o cliente, o que leva a uma maior satisfação do cliente (Persson, 2000). Assim, desde o momento em que um cliente faz uma encomenda até à entrega da mercadoria, tudo é realizado pela empresa de logística, o que constitui uma área de funcionalidade alargada. Outro exemplo desta questão é a indústria informática, onde a encomenda é feita, mas a montagem e a personalização são concluídas na área geográfica para onde são enviadas. Desta forma, a máxima eficiência de custos é garantida, assim como o nível de satisfação do cliente.

2. Fornecedores ou vendedores - como é que as empresas de logística estão integradas no poder de negociação dos fornecedores

É óbvio que o comércio eletrónico oferece uma vasta gama de possibilidades para diferentes componentes oferecerem os seus produtos a nível mundial. Um fornecedor pode facilmente começar a competir com os seus clientes retalhistas. Este tipo de "canibalismo" pode, a longo prazo, levar os canais tradicionais de marketing e vendas à falência. Esta situação pode ser ilustrada como uma integração vertical do processo comercial em que uma empresa assume o controlo de todo o fluxo de mercadorias. Alguns exemplos de empresas que começaram a vender os seus produtos diretamente na Internet como complemento da linha de retalho são Dell (www.Dell.com), Hewlett Packard (www.hp.se), e Compaq (www.compaq.se). Vale a pena mencionar que é necessário um grande investimento para o comércio eletrónico; é necessário equipamento informático avançado para que funcione corretamente e para manter o controlo das mercadorias (Kenth.R.Lumsden, Ola Hultkrantz, Pehr-Ola Persson, Competitive Strategies for Logistics Companies in the ecommerce era, 2001).

Um dos principais efeitos do comércio eletrónico é a convergência da concorrência baseada na qualidade e na diferenciação dos produtos para uma concorrência baseada no preço (Porter, 2001).

Estes desenvolvimentos significaram que integradores como a UPS e a DHL puderam expandir as suas actividades para fora dos EUA, entregando uma grande parte das mercadorias exportadas a partir dos EUA. A mesma justificação parece ser razoável no que respeita às empresas e aos fornecedores europeus.

3. Clientes ou Compradores - como as empresas de logística podem interagir com a força do poder de negociação dos fornecedores

A título de exemplo, o Waytrack é um dos fornecedores de serviços de logística que opera desta forma (www.waytrack.com). Reúne os proprietários de camiões e pequenos transportadores com empresas que necessitam de transporte de mercadorias ou que precisam de uma capacidade específica, constituindo um fórum de contacto. Oferecem uma adesão aos seus clientes para os reunir, mas não interferem com os serviços de logística.

Atualmente, existem muitas bolsas de carga na Suécia Cargo now (www.cargonow.com) ou Waytrack (www.waytrack.com), cujo objetivo é utilizar a capacidade excedentária do fluxo de mercadorias existente. O único problema com este procedimento é o facto de o principal foco ser o preço, o que significa que não garante que seja prestado o melhor serviço disponível. A solução para este problema é outra categoria de empresas que se especializam em obter a melhor alternativa de transporte para os seus clientes. Um exemplo de tais empresas é a Transportutveckling (www.transportutveckling.se). Estas empresas lidam maioritariamente com empresas tradicionais em que as funções logísticas são subcontratadas fora da empresa.

4. Substitutos - Ameaça de produtos ou serviços substitutos

Em resultado de um refinamento tardio da cadeia de valor, novas empresas passaram a fazer parte do processo de fabrico, implementando configurações simples para que os produtos correspondam às exigências dos clientes. Um exemplo desta questão na Suécia é o facto de a Dell Company utilizar um fornecedor de logística, nomeadamente a ASG-Danzas, para configurar e instalar software nos computadores. Basicamente, existe um padrão de processo de produção em que os produtos são diferenciados ou consignados o mais tarde possível na cadeia de abastecimento. Isto significa que as empresas de logística que têm acesso a terminais e oportunidades de cross-docking poderão assumir uma parte mais alargada da cadeia de abastecimento, aumentando assim a margem de lucro potencial.

Atualmente, existe um conflito entre os serviços postais, os transitários e os integradores pelo domínio global do mercado em expansão das encomendas expresso. O mesmo se aplica ao mercado total de transporte de mercadorias.

Através de aquisições, acordos, parcerias, etc., as empresas tentam obter uma rede europeia completa como um passo para alcançar uma cobertura global (Cronin, 2000). O que está por detrás desta guerra de redes é o facto de as empresas de transporte quererem obter uma maior quota da cadeia de abastecimento e da logística de valor acrescentado (Peters e Jockel, 1998). As empresas de fabrico tentam adiar as operações que tornam o seu produto único para o cliente, pelo que as empresas de logística podem assumir essas operações.

5. Concorrentes do sector - concorrência entre portais

Embora a maioria das empresas de logística se esforce por ter um papel ativo no processo global, haverá sempre empresas que continuarão a desempenhar o papel tradicional que consiste em controlar todos os processos da cadeia de abastecimento. Neste tipo de metodologia, a empresa de logística desempenhará o papel tradicional de transportador, em que o envolvimento no processo é estritamente de tarefas de transporte. No entanto, existe sempre um lugar para as empresas que podem tirar partido de grandes fluxos de produtos através de economias de escala ou de economias de gama. No entanto, competir com esta estratégia tende a exigir soluções logísticas que abrangem o mundo inteiro (Michael Porter, 2001).

Para obter um bom desempenho nestas circunstâncias, é importante dispor de um sistema que funcione bem e que torne o processo de encomenda e outros serviços envolvidos parte de uma estrutura global. Podem ser introduzidos vários sistemas de controlo para eliminar uma vasta gama de factores de perturbação a diferentes níveis, como a redução dos custos de transação, a ligação dos sistemas de informação e a redução do risco de erros causados pelo fator humano.

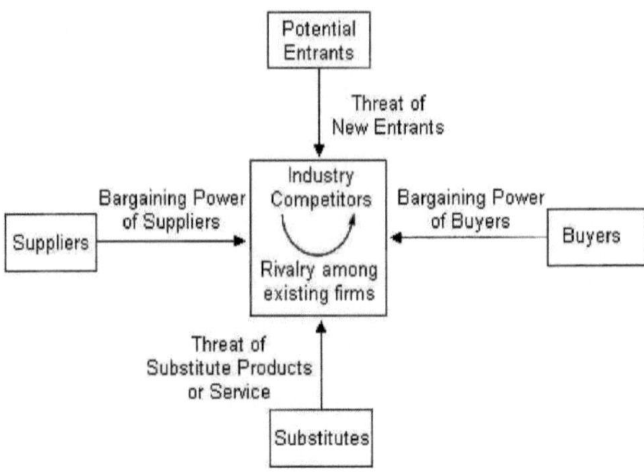

Figura 3, modelo das cinco forças de Porter (http://en.wikipedia.org/wiki/Porter_five_forces_analysis)

Capítulo 5

A questão da confiança no marketing relacional

O pensamento de gestão evoluiu no sentido de encarar os clientes e os fornecedores como parceiros e de prestar mais atenção à relação (Brandenburger e Nalebuff, 1996). Esta evolução registou-se em todas as disciplinas administrativas. No marketing, por exemplo, a visão anterior dos clientes era uma visão transacional (Coviello, Brodie, Danaher e Johnston, 2002). Este ponto de vista foi posteriormente complementado por uma perspetiva segundo a qual nem todos os clientes devem ser mantidos à distância. O termo "Marketing Relacional" captou este ponto de vista, que foi introduzido por Berry (1983).

Figura 4: A questão da confiança no marketing relacional

Isto significa que a relação tradicional de intermediação logística está a ser transformada. As funções de intermediário eletrónico foram alargadas e incluem a partilha de informações privadas relacionadas com a movimentação de stocks ou fluxos financeiros com base nas características da cadeia de abastecimento ou do produto do cliente. Esta partilha de informações exige a personalização dos sistemas de tecnologia da informação (TI) utilizados numa relação de troca. Ao integrar as soluções logísticas de TI do fornecedor com os seus próprios sistemas organizacionais, os processos nas empresas cliente e fornecedor podem ser alinhados (Stein, 1998; Walker, Bovet e Martha, 2000). De facto, os clientes podem aproveitar a informação detida pelos vendedores para racionalizar processos, desenvolver produtos e serviços de valor acrescentado e reforçar os laços com os clientes (Gulati e Kletter, 2005). Por outro lado, os fornecedores de logística podem reunir informações sobre as necessidades dos clientes ao longo do tempo, dos canais e dos serviços para otimizar globalmente os planos e adaptar a execução dos processos (Lewis, Rai, Forquer e Quinter, 2007). Como já foi referido, há um investimento a fazer para que a cooperação se estabeleça e coloca-se aqui uma questão importante: entre os componentes de uma cadeia de abastecimento, quem suporta o ónus da personalização das TI? Ou quais os recursos e capacidades que dominam?

Investigações anteriores sugerem que o posicionamento da empresa vendedora, especificamente a centralidade no sector como um todo, afecta a capacidade da empresa para negociar e influenciar a forma como os activos, a informação e o estatuto fluem, dando origem a assimetrias de recursos (Gulati, Nohria e Zaheer, 2000). Obviamente, a centralidade confere ao vendedor o poder de estabelecer normas para os serviços e de realizar economias de escala. Além disso, as empresas fornecedoras podem atingir o crescimento através da reprodução de tecnologia e soluções sujeitas à falta de imitação (Kogut e Zander, 1992). Assim, os fornecedores de logística dominantes no sector esforçam-se por desenvolver soluções repetíveis para os serviços da cadeia de abastecimento, como a fusão em trânsito, o cross-docking, a gestão de inventário e o cumprimento de encomendas (Sonnenfeld e Lazo, 1992; Quelch e Conley, 1997; Rivkin, 1999; Lewis et al., 2007). No que respeita ao poder de negociação, por vezes uma empresa cliente dominante pode ser tão central no seu sector que detém um poder de negociação muito superior ao do vendedor, como no caso do Wal-Mart (Rigby e Hass, 2004; Yoffi e Mack, 2005).

Torna-se, então, crucial perceber as circunstâncias em que existem salvaguardas numa relação para permitir que as empresas façam investimentos específicos da relação na personalização das TI, o que facilita a partilha de informação estratégica entre ambas as empresas. Em suma, as melhores práticas exigem que os gestores tomem decisões sensatas sobre a salvaguarda das suas próprias posições, ao mesmo tempo que se abrem à possibilidade de obterem "rendas ricardianas" através dos benefícios resultantes das relações inter-organizacionais.

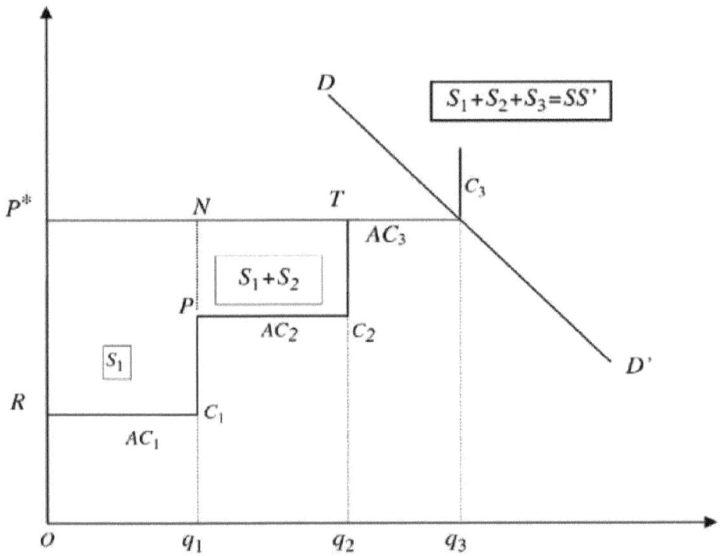

Figura 5 Renda ricardiana e lucro contabilístico (Tay-Cheng Ma (2012), Accounting Profits and Ricardian Rents: An Application to Antitrust Enforcement, em Richard O. Zerbe, John B. Kirkwood (ed.) *Research in Law and Economics (Research in Law and Economics, Volume 25)*, Emerald Group Publishing Limited, pp.15-34).

É essencial compreender que uma concentração exclusiva em estratégias de gestão competitiva ou na criação de relações de cooperação pode não resultar em parcerias estratégicas da cadeia de abastecimento mutuamente bem sucedidas. Em vez disso, a obtenção de sucesso mútuo no âmbito das relações de troca obriga a um equilíbrio e compreensão activos das posições competitivas e cooperativas e à criação de condições propícias à simetria de participação que conduzam a melhorias máximas de desempenho.

Porquê a partilha de informações?

A partilha de informações entre os membros da cadeia proporciona vantagens competitivas mútuas, tanto no que diz respeito ao aumento do valor para o cliente como à eliminação dos custos da cadeia de abastecimento. Estes membros da cadeia, com produtos atempados e de maior qualidade, poderão cobrar preços mais elevados e aumentar as vendas. A Walmart é um exemplo adequado de uma empresa retalhista que utiliza a partilha de informações em linha de dados de pontos de venda (POS), incluindo dados de vendas e de existências, com os seus principais fornecedores. O acompanhamento dos dados relativos às vendas permite aos fornecedores diferenciar os produtos de grande procura (populares) dos produtos de menor procura e tomar as medidas adequadas para os reabastecer ou para os retirar das lojas de retalho. Além disso, permite aos fornecedores reduzir os custos das existências e melhorar a disponibilidade dos produtos. A título de exemplo, a Dell utiliza a partilha de informações em linha para potenciar a capacidade logística que pode criar um excelente serviço ao cliente (Schonfeld, 1998). Assim, a Dell consegue satisfazer os seus compradores em linha e dar visibilidade das encomendas dos clientes aos fornecedores. Consequentemente, estes podem ver quais as peças de que a Dell necessita atualmente e qual o volume necessário, bem como a procura futura. Como resultado, os fornecedores podem reduzir as existências disponíveis e os prazos de entrega. Outro bom exemplo da última questão discutida é a Benetton, uma indústria de vestuário que recebe eletronicamente encomendas e informações de vendas de centenas de agentes da empresa localizados em todo o mundo (Foster, 1993). A Benetton conseguiu estabelecer os melhores tempos de ciclo da indústria e atingir níveis de serviço perfeitos, integrando os seus sistemas de logística e de fabrico com os seus fornecedores e agentes da empresa. Não é de surpreender que tenham conseguido reduzir significativamente os custos decorrentes da perda de vendas e da obsolescência.

A Levi Strauss & Co, outra empresa de moda, também dispõe de capacidades de partilha de informação e de corte de tecido computorizado para personalizar uma variedade de calças de ganga para diferentes clientes (Schonfeld, 1998). Com a personalização, que acrescenta valor ao produto, a Levi Strauss pode cobrar preços mais elevados por calças de ganga feitas à medida.

A literatura sobre sistemas de informação considera frequentemente os dados, a informação e o conhecimento como uma hierarquia inter-relacionada (Tuomi, 2000). O significado associado aos dados conduz à informação e a informação pode ser utilizada para criar conhecimento.

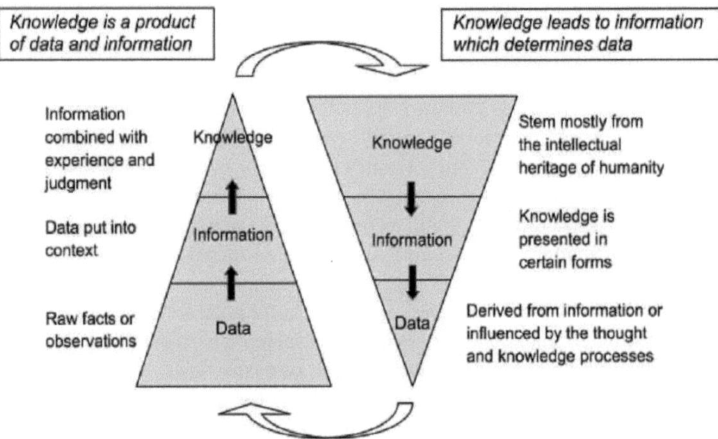

Figura 6, modelo Tuomi de dados, informação e conhecimento (Tuomi, I. Corporate Knowledge: Teoria e Prática das Organizações Inteligentes. Helsínquia: Metaxis, 1999)

Os dados tornam-se informação quando as pessoas os adquirem no decurso das suas actividades diárias e lhes atribuem significado através da interpretação. A informação existe na mente colectiva das pessoas. A informação transforma-se em conhecimento quando uma pessoa a interioriza de tal forma que está disponível para utilização imediata na resolução de problemas ou na explicação. Todas as organizações precisam de analisar o seu ambiente e operações para recolher dados. Um conjunto de cadeias de caracteres ou indicações que dão sentido ao mundo real é chamado de dados (Goldratt, 1990). Os problemas só podem ser resolvidos através da utilização da informação correcta; não através da utilização dos dados necessários. Da mesma forma, Goldratt (1990) enfatiza o facto de que a informação é a resposta à pergunta que é colocada, e não os dados necessários para responder à pergunta. Assim, a informação é extraída dos dados através da utilização de convenções ou regras de dedução. Finalmente, a informação transforma-se em conhecimento através de testes, validação e codificação.

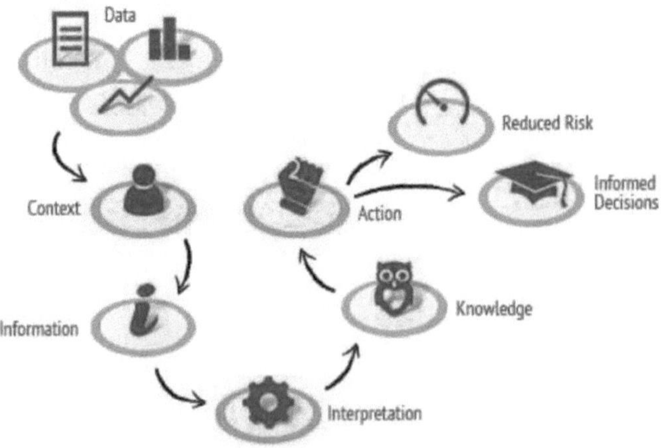

Figura 7, correlação entre dados, informações e conhecimentos

Um sistema de informação é aplicado para recolher, processar e divulgar informações, de modo a torná-las disponíveis para os decisores no momento certo. Tradicionalmente, um sistema de informação lida com dados transferíveis através de meios de comunicação simples, como o EDI e a Internet. O recente avanço das tecnologias da informação oferece uma grande variedade de meios de comunicação, como a videoconferência e os sistemas de apoio à decisão em linha, que permitem aos decisores converter conhecimentos implícitos em conhecimentos explícitos e partilhar conhecimentos explícitos.

<h1 style="text-align:center">Capítulo 6</h1>

Suboptimal e oportunista

As decisões sub-óptimas ocorrem quando os membros da cadeia não conseguem resolver vários compromissos na tomada de decisões, porque o membro da cadeia não tem a informação necessária para tomar decisões operacionais que possam garantir que os produtos cheguem corretamente aos clientes finais (Simchi e Levi et al., 1999). Sem partilha de informação, as decisões são tomadas com base na melhor estimativa dos dados disponíveis. Essas decisões podem ser tendenciosas e impedir que o membro individual da cadeia alcance a solução óptima. Sem visibilidade global, os intervenientes não podem tomar boas decisões que possam melhorar o desempenho global da cadeia.

O comportamento oportunista decorre do interesse próprio dos actores, pelo qual cada um deles tenta maximizar as vantagens individuais e evitar os custos. O potencial de oportunismo pode ocorrer antes ou depois do contrato (Molho, 1997). O oportunismo pré-contratual é conhecido como "seleção adversa". Inclui a deturpação ou a ocultação de informações sobre as capacidades, os recursos e as condições de procura que devem ser partilhadas antes da assinatura do contrato. Os riscos morais, como o fornecimento de informações enganosas sobre o estado do desempenho, a redução dos esforços de nível de serviço e um nível mínimo de compromisso de afetação de recursos, ocorrem após a assinatura do contrato. Os membros da cadeia precisam de identificar e abordar ambos os tipos de oportunismo.

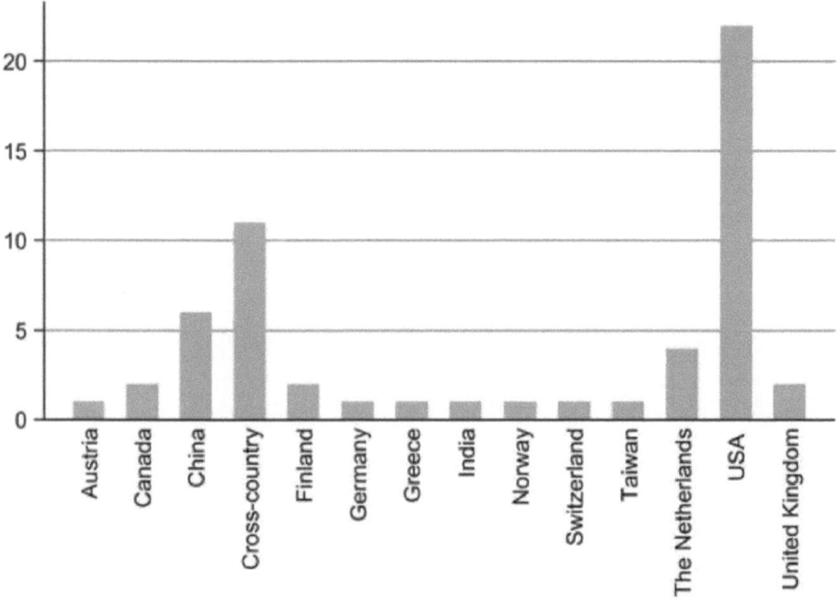

Figura 8, resultados da confiança inter-organizacional na cadeia de abastecimento (Emanuela Delbufalo, (2012) "Outcomes of inter-organizational trust in supply chain relationships: a systematic literature review and a meta-analysis of the empirical evidence", Supply Chain Manag).

Capítulo 7

Infraestrutura de partilha de informações

Ao chegarem a um acordo sobre os termos da partilha de informações, todas as partes se comprometem a atenuar a informação assimétrica entre os membros da cadeia, permitindo simultaneamente o acesso a informações privadas. Tal como já foi referido, a vontade de partilhar informações, bem como a confiança e o valor económico das informações, também são factores a ter em conta. Uma vez que os componentes da cadeia de abastecimento estejam dispostos a partilhar informações, é necessário reformular a estrutura da informação para permitir que os componentes integrados transfiram informações privadas que conduzam a uma tomada de decisões mais precisa para todas as partes envolvidas. Uma estrutura de informação é definida como o conjunto de informações privadas de uma determinada empresa e a divulgação de informações entre os actores envolvidos na rede da cadeia de abastecimento designada. Dada a estrutura da informação, os membros da cadeia precisam de formular as estratégias óptimas para a tomada de decisões. Em alternativa, os membros da cadeia têm de reformular os seus sistemas de partilha de informação, a fim de facilitar os processos de tomada de decisão dos executivos de topo.

Dependendo da estrutura de decisão, a estrutura de informação varia entre as seguintes:

- Encomendar a partilha de informações

- Partilha parcial de informações

- Partilha estratégica de informações

A "partilha de informações sobre encomendas" significa basicamente que os membros da cadeia comunicam através de dados de encomendas para as transacções. A partilha parcial de informações permite a transferência de dados seleccionados, como dados de vendas ou de inventário, para os membros a montante da cadeia de abastecimento, para um planeamento, previsão e controlo mais precisos das operações. A transparência da informação estratégica pode incluir a partilha de informação estratégica, como estudos de mercado, planeamento do desenvolvimento e dados relacionados com os custos. Isto pode resultar na maximização da produtividade e num planeamento mais estratégico para os componentes integrados da cadeia de abastecimento. Os membros da cadeia que se envolvem na visibilidade estratégica têm de proteger cuidadosamente a confidencialidade dos dados proprietários (Lee e Whang, 2000).

Capítulo 8

Vantagens da partilha de informações

A partilha de informações facilita o seguinte:

- Recolha de dados

- Documentação

- Armazenamento

- Recuperação

- Transferência de informações valiosas

A estrutura de decisão inclui decisões que têm de ser tomadas ao nível das operações, do planeamento e da estratégia.

Para além da infraestrutura de informação e da tomada de decisões, os componentes da cadeia de abastecimento também têm de identificar e quantificar os benefícios da partilha de informações, o que pode ser complicado na prática. A implementação da tecnologia de comunicação da informação exige custos imediatos, mas os participantes têm de ser pacientes para poderem captar e distribuir os benefícios da partilha de informações. Os benefícios podem ser analisados de duas formas diferentes: monetária e não monetária.

Há quatro benefícios distintos da partilha de informação nas cadeias de abastecimento, como se indica a seguir:

Obter clareza contratual

Lidar com a incerteza do mercado

Facilitar a coordenação da cadeia de abastecimento

Reduzir o oportunismo

A figura 10 ilustra como a partilha de informações pode resultar em vários benefícios.

Os parágrafos seguintes descrevem os quatro principais benefícios da partilha de informações.

Em primeiro lugar, a partilha de informações ajuda a obter clareza contratual. Para ser mais preciso, o contrato é definido como um acordo entre os membros da cadeia num mercado específico que especifica objectivos, áreas de domínio de decisão, o nível de partilha de informação necessário, medidas de desempenho e pagamentos de transferências. As quatro vertentes dos termos do contrato são: período inicial, planeamento prospetivo, execução e, finalmente, revisão. Durante o período de arranque, é iniciado um contrato entre os actores. Em seguida, os membros da cadeia elaboram o planeamento tático a fim de adequar os recursos às necessidades futuras do mercado; por exemplo, capacidade, aptidão e inventário.

Na fase de execução, os intervenientes realizam literalmente os processos com base nos planos tácticos. A fase de execução conduz a resultados dos processos, como a pontualidade na entrega, a capacidade, a utilização, a rotação das existências e a melhoria dos contratos de transporte, bem como a resultados para os clientes, como a melhoria da satisfação e do serviço ao cliente. Os resultados para os clientes traduzem-se em resultados financeiros, como as vendas e o fluxo de caixa. A fase final é a revisão do contrato, que é o período de tempo necessário para avaliar o contrato e decidir se este deve ser alterado, alargado ou rescindido.

Em segundo lugar, a partilha de informações sobre os dados dos clientes ajuda os membros da cadeia a responder rapidamente às incertezas do mercado. A título de exemplo, o retalhista pode fornecer dados sobre as vendas e os clientes ao fabricante. O fabricante pode utilizar os dados partilhados para compreender o comportamento do cliente final e os fenómenos de amplificação da procura. A volatilidade genuína da procura pode ser separada em flutuações reais que reflectem os padrões de consumo dos clientes; ao identificar as possíveis causas das flutuações da procura devido aos sinais emitidos pelos clientes finais, o fabricante pode utilizar estratégias para eliminar as causas. Além disso, a partilha de dados sobre as vendas pode ajudar os fornecedores e os fabricantes a fazerem melhores previsões, o que é importante para manter as existências a um nível baixo sem correr o risco de perder vendas.

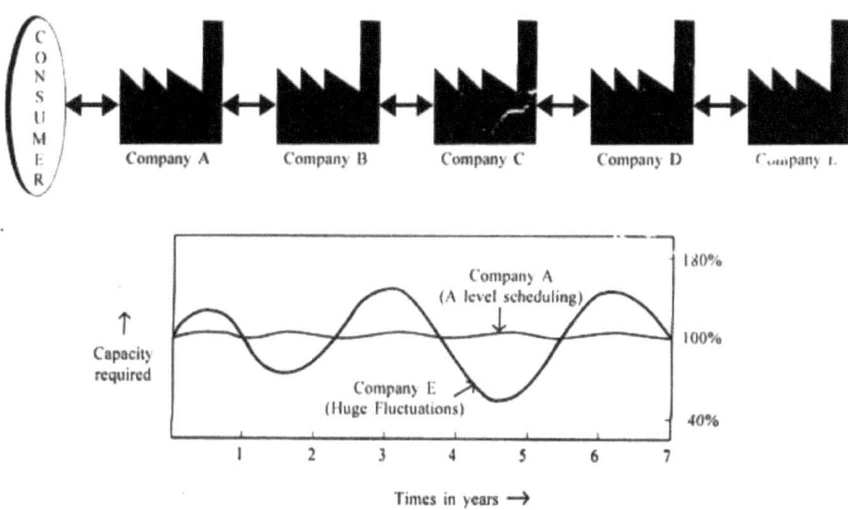

Figura 9, Amplificações da procura transmitidas ao longo de uma cadeia de abastecimento (Houlihan, 1987)

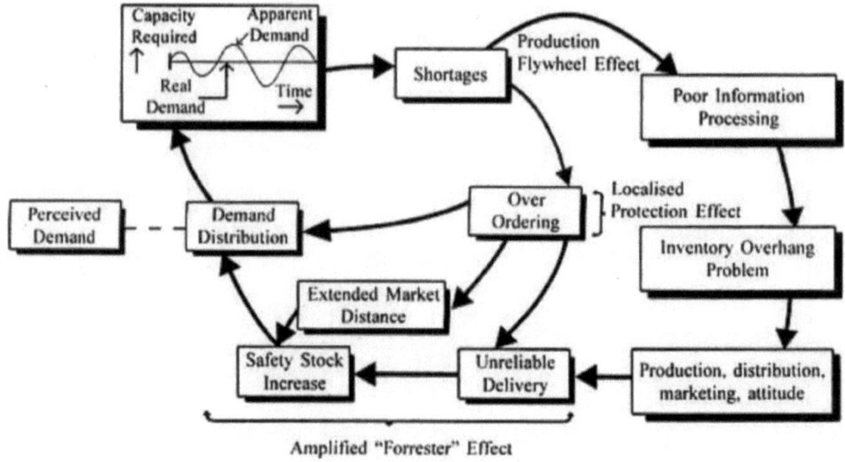

Figura 10,   algumas causas gerais de amplificação da procura Houlihan, 1987)

O terceiro benefício da partilha de informações é facilitar a coordenação da cadeia de abastecimento entre os intervenientes na cadeia de abastecimento. O objetivo final do processo é melhorar o processo de cumprimento das encomendas. Os tipos de informação partilhada incluem o estado do inventário, o estado das encomendas, as vendas, os calendários de produção e outros dados relativos aos custos (Lee e Whang, 2000). A utilização de informação partilhada para o processo de satisfação de encomendas tem como objetivo aumentar as vendas e, simultaneamente, reduzir os custos totais, melhorar a qualidade e encurtar os tempos de ciclo. Por estas razões, a partilha de informações deve permitir que os membros da cadeia resolvam as soluções de compromisso de custos entre as alternativas de decisão relativas às instalações de encomenda de lotes, ao inventário e ao transporte (Simchi-Levi et al., 1999).

O quarto mérito da partilha de informações, a redução do comportamento oportunista, refere-se à utilização de informações partilhadas para eliminar as decisões de auto-otimização, tanto antes como depois da celebração do contrato. O problema da seleção argumentativa ou da deturpação das capacidades do parceiro pode ser resolvido através da sinalização. No entanto, a aliança e a associação de incentivos são necessárias para atenuar os riscos morais ou a batota após a assinatura do contrato. O primeiro passo é uma avaliação do impacto do comportamento oportunista no desempenho logístico. Em seguida, devem ser criadas formas específicas de partilha de informação que permitam melhorar o desempenho. A sinalização, como uma das abordagens de partilha de informações, pode assumir diversas formas, como a reputação, as capacidades anteriores ou a fidelidade na partilha de custos relacionados com dados sensíveis. O alinhamento dos incentivos também é importante quando se trata de partilha de informações e pode ser estabelecido com base em compromissos de preços e prémios, partilha de riscos e normas de desempenho. Os sistemas de partilha de informação têm de ser desenvolvidos de modo a facilitar a monitorização direta e a entrega de incentivos para encorajar a melhoria do desempenho, bem como para mitigar a manipulação. Por último, cada procedimento estratégico disponível é objeto de uma análise custo-benefício que envolve o seu efeito sobre a melhoria do desempenho, bem como o custo da sua aplicação (Lee e Whang, 2000).

Além disso, dado o impacto positivo da informação partilhada no desempenho da cadeia de abastecimento, um membro da cadeia com informação superior exige que se assegurem benefícios económicos da partilha de informação. Uma cadeia de abastecimento deve conceber conjuntamente incentivos para a partilha de informações que estejam ligados a indicadores de desempenho. Todos os benefícios das melhorias no desempenho devem ser distribuídos equitativamente entre os membros da cadeia de abastecimento, de acordo com a contribuição de cada membro. Se a partilha de informações proporcionar uma distribuição equitativa dos benefícios, o membro da cadeia com informações superiores pode não estar disposto a participar na cadeia de abastecimento com partilha de informações. A questão da distribuição dos ganhos resultantes da partilha de informações entre os membros da cadeia é uma área de investigação ativa (Lee e Whang, 2000).

O contrato entre o fabricante e o retalhista inclui o investimento no sistema de partilha de informações necessário para controlar a conformidade do retalhista com a norma de desempenho (Desiraju e Moorthy, 1997). O acesso aos dados do ponto de venda permite ao fabricante oferecer incentivos e orientar o retalhista no sentido de melhorar o nível de serviço.

Jensen e Meckling (1992) propuseram duas estratégias alternativas para melhorar os processos de tomada de decisão: aproximar a informação dos decisores ou atribuir os direitos de decisão ao membro da cadeia que tem melhor acesso à informação. Cohen etal. (1972) também sugeriram a inversão do processo de tomada de decisão tradicional: comunicar os problemas de decisão ao membro que tem a informação relevante, em vez de tentar obter informação relevante para os decisores originais. A combinação das opções de atribuição do direito de decisão e do sistema de partilha de informações proporciona uma estrutura abrangente para reunir decisões e informações relevantes. Para ilustrar o que foi dito acima, considere-se uma cadeia de abastecimento constituída por um fornecedor e um retalhista; estes têm de conceber uma equipa conjunta de tomada de decisões que consiste na pessoa que toma as decisões sobre a quantidade a armazenar em cada loja e a informação que está disponível para cada decisor local. O retalhista detém e controla o número de artigos a armazenar, mas o fornecedor estabelece o preço por grosso. O retalhista recebe o preço e determina os melhores níveis de stock para maximizar os lucros. Na prática, este conceito é conhecido como Inventário Gerido pelo Retalhista (RMI). Pelo contrário, um Vendor Managed Inventory (VMI) confere a propriedade e o controlo das existências ao fornecedor (Holmstorm, 1998). Neste sistema, o fornecedor decide o nível de existências nas lojas de retalho com base em informações partilhadas; o retalhista, por outro lado, determina os preços por grosso que são normalmente definidos como uma margem fixa para cada unidade vendida na sua loja.

Capítulo 9

Riscos e medidas preventivas da partilha de informações

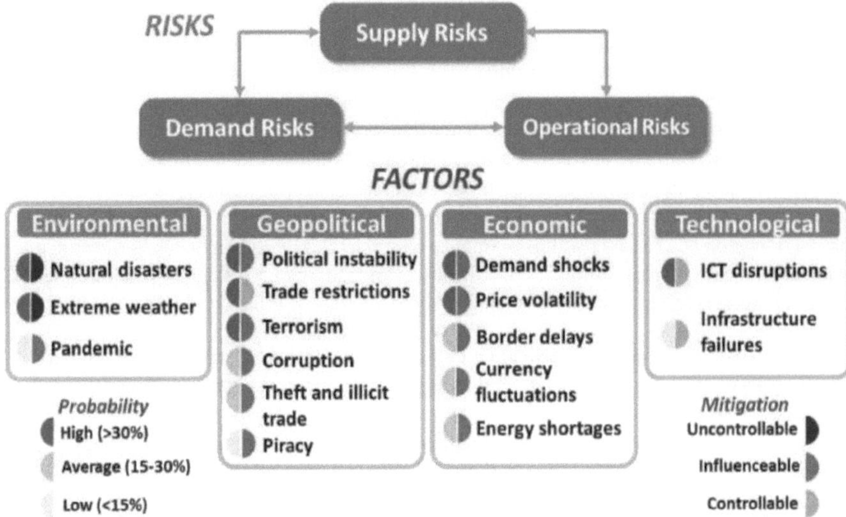

Figura 11, (adaptado de Manuj, I. e J.T. Mentzer, (2008) "Global supply chain risk management strategies", International Journal of Physical Distribution & Logistics Management, Vol. 38, No. 3, pp. 192-223; Fórum Económico Mundial).

É evidente que, em todas as cadeias de abastecimento, a assimetria de informação pode eventualmente acarretar riscos para as empresas cooperativas quando a informação é partilhada e os riscos envolvidos podem fazer com que as empresas percam o interesse na partilha de informação. Assim, é essencial identificar os riscos envolvidos e fazer um esforço para os atenuar, de modo a otimizar os benefícios da empresa, minimizando os riscos. Nesta secção do trabalho de projeto, os riscos mais importantes são analisados e são apresentadas algumas sugestões para os atenuar. Hoje em dia, com o desenvolvimento da globalização económica e da produção racional, a incerteza da procura no mercado está a aumentar. Consequentemente, registou-se uma mudança; a concorrência entre empresas passou a ser uma concorrência entre cadeias de abastecimento (Qin Li, 2009). Como referido anteriormente, a gestão da cadeia de abastecimento compreende três aspectos: Logística, fluxo de capital e fluxo de informação. A gestão da comunicação e do fluxo de informação ocupa a posição central dos três aspectos, uma vez que liga todos os nós das cadeias de abastecimento. Agora é mais evidente porque é que os mentores da logística sublinham a importância da exatidão e da agilidade da transmissão de informações para aumentar a eficiência e o rendimento global.

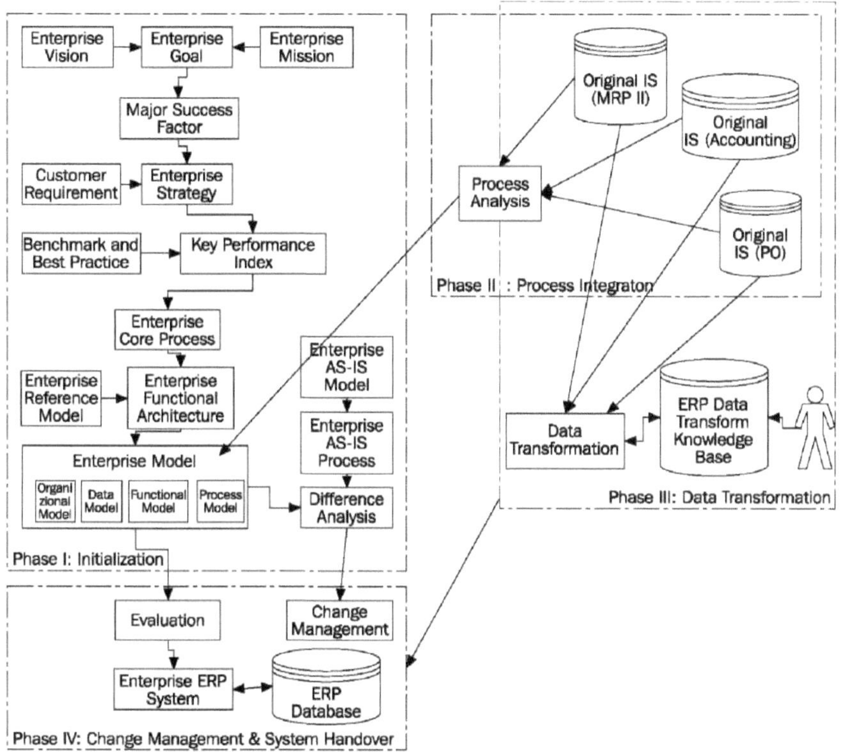

Figura 12, (Shi-Ming Huang, Irene S.Y. Kwan, Yu-Chung Hung, (2001) "Planning enterprise resources by use of a reengineering approach to build a global logistics management system", Industrial Management & Data Systems, Vol. 101 Iss: 9, pp.483 - 491).

No entanto, numa cadeia de abastecimento dinâmica, é muito difícil partilhar igualmente a informação devido ao conflito de interesses entre as empresas dos nós, pelo que a informação é dada com reserva. Este fenómeno é designado por "inversão de interesses" e é causado pela assimetria de informação que pode provocar muitos riscos no processo de implementação da partilha de informação. O problema do risco de partilha de informações entre os nós da cadeia de abastecimento é mais complicado em comparação com o de uma única empresa. A razão para isso é que envolve muitos factores e corre um risco maior, porque uma lacuna de risco de qualquer nó conduzirá a uma reação em cadeia que causa uma série de efeitos negativos em toda a cadeia de abastecimento (Qin Li, 2009).

Os riscos no processo de implementação da partilha de informações podem ser classificados da seguinte forma

I. Risco técnico

II. Risco de gestão

III. Risco de custos

IV. Risco de lucro

V. Risco moral

Nos parágrafos seguintes, cada categoria é objeto de uma breve análise.

Em primeiro lugar, o risco técnico refere-se aos elevados requisitos das tecnologias da informação e ao risco de problemas técnicos que ocorrem paralelamente à implementação da partilha de informações. Um dos problemas que pode ocorrer é causado por um suporte de TI inadequado. Isto pode levar a uma partilha de informações não integrada e a uma transmissão de informações em tempo real não normalizada. Esta situação pode ter um impacto negativo na tomada de decisões correctas, especificamente para um ambiente externo em rápida mudança. Outro risco técnico pode ser a falta de um formato unificado da informação que é partilhada entre as empresas da cadeia de abastecimento. Como já foi referido, a informação partilhada pelas empresas dos nós é bastante complexa; uma série de dados intermédios e de dados relativos ao resultado final devem ter um processo unificado de recolha, armazenamento, transmissão e tratamento. No caso de os componentes partilharem as suas informações à sua maneira, não se pode garantir que sejam capazes de se entenderem uns aos outros e, por conseguinte, todo o processo de comunicação falha. O outro problema do risco técnico que vale a pena mencionar são os problemas ocultos da segurança da rede, que podem ser facilmente ignorados. Como requisito para o desenvolvimento da tecnologia da informação, a gestão da cadeia de abastecimento tem de criar e confiar na rede de partilha de informações e nas bases de dados para transmitir de e para fontes externas e internas. Este sistema pode ajudar a captar o modo de funcionamento, a tecnologia e o método mais criadores de valor. Embora este modelo de funcionamento em rede das empresas proporcione grande comodidade para a implementação bem sucedida da gestão da cadeia de abastecimento, os seus potenciais problemas de segurança, como ataques de piratas informáticos e vírus informáticos, conduzem a danos ou à fuga de dados confidenciais. Esta situação é suscetível de provocar riscos ou perdas para cada um dos nós da rede integrada da cadeia de abastecimento (Wang Yong-jun et. al, 2008).

O segundo risco existente que é aqui analisado é o risco de gestão. Em primeiro lugar, o benefício direto e visível obtido pelos retalhistas da empresa nó da cadeia de abastecimento é relativamente pequeno; por vezes, é difícil mobilizar os retalhistas para fornecerem ativa e continuamente informações aos clientes. Em segundo lugar, é difícil para todas as partes racionais envolvidas analisar e compreender como as empresas competitivas podem beneficiar da cooperação. Assim, podem ter relutância em partilhar totalmente informações sensíveis com outras componentes. Podem racionalizar o facto de esta informação lhes dar uma vantagem competitiva em relação às outras partes. Esta questão pode ser resolvida através da formação dos trabalhadores e de todos os intervenientes na rede da cadeia de abastecimento, para que compreendam como cooperar enquanto competem com outras empresas e como isso pode ser benéfico para todos. Em terceiro lugar, a cadeia de abastecimento pode também ser essencial para fazer a reengenharia dos processos empresariais, de modo a otimizar os canais e a fazer com que todos os elos de transmissão de informação trabalhem em conjunto de forma mais eficiente e precisa (Ma Yong-sheng, "weakness of information sharing risk in supply chain management", vol. 8, pp. 37-39, agosto de 2006).

O terceiro risco a analisar neste contexto é o risco de custos. Como já foi referido, a criação e o desenvolvimento de tecnologias da informação, bem como a implementação da partilha de informações, implicam um aumento do investimento em software, hardware e recursos humanos. As operações mencionadas não só exigem grandes quantidades de fundos da empresa e, consequentemente, aumentam os seus custos financeiros, como também requerem tempo e energia para interpretar a informação partilhada por outras componentes, o que aumenta diretamente o tempo, os custos com o pessoal e os custos operacionais.

O quarto risco envolvido é o risco de lucro. A partilha de informações exige que as empresas estejam dispostas a partilhar abertamente as suas informações sensíveis relativas à produção, aos níveis de inventário, à situação financeira e a outros assuntos importantes. Isto pode fazer com que algumas empresas percam parte dos lucros mais elevados que obtiveram graças à exclusividade e aos recursos anteriormente ocultos que lhes poderiam dar uma vantagem competitiva sobre os seus rivais. Com a partilha de informação e a transparência, todos os componentes da rede podem beneficiar dessa informação e a vantagem competitiva desaparece.

O último risco disponível da lista de riscos de partilha de informações é o risco moral. Embora, em teoria, a integração da cadeia de abastecimento e a partilha de informações se baseiem na confiança e no benefício mútuo, na realidade, uma relação de colaboração deste tipo é muito difícil de alcançar. Atualmente, ainda é necessário desenvolver muitos mecanismos no mercado; o ambiente de crédito não foi criado e as relações não se baseiam na confiança e no benefício mútuo. Atualmente, muitos mecanismos ainda precisam de avançar no mercado; não foi criado um ambiente de crédito e as relações não se baseiam na confiança e no benefício mútuo. Além disso, devido à existência de uma racionalidade limitada, as empresas devem ser informadas dos benefícios e das vantagens financeiras obtidas com a partilha de informações e a cooperação, para que cumpram as regras do manual, em vez de confiarem na confiança e esperarem que a moralidade desempenhe o seu papel. Não há dúvida de que o desvio e a assimetria da informação aumentam consideravelmente a incerteza de todo o sistema da cadeia de abastecimento. A violação do acordo de partilha de informações pode acarretar enormes riscos para o funcionamento de toda a cadeia de abastecimento.

Capítulo 10

Resumo do modelo das cinco forças

Neste capítulo do trabalho de tese, é feita uma breve análise do modelo das cinco forças. O modelo das cinco forças que foi utilizado como metodologia do meu trabalho de tese baseia-se no modelo desenvolvido por Porter para analisar o ambiente de negócios de uma determinada empresa. Para simplificar a análise, a situação de uma concorrência hipotética é dividida em cinco forças de forma a que o posicionamento estratégico possa ser visto de diferentes ângulos.

"As forças competitivas mais fortes determinam a rendibilidade de um sector e, por isso, são as mais importantes na formulação de estratégias (Porter, 1979)."

O modelo pode ser utilizado em diferentes áreas da economia ou da estratégia empresarial; pode também ser utilizado para detetar outras áreas onde a concorrência possa ter lugar ou para encontrar áreas onde se possa obter uma vantagem competitiva sobre outros rivais. Por exemplo, identificar onde e quando as inovações tecnológicas, como os sistemas automatizados computorizados e as tecnologias da informação e da comunicação (TIC), podem ser utilizadas para se destacar na concorrência. Escusado será mencionar que o facto de se aperceber primeiro faz com que a empresa esteja à frente da concorrência. Um dos pontos fortes do modelo das cinco forças é o seu contexto sólido e independente. Pode ser utilizado numa variedade de áreas de negócio sem alterar a estrutura global da empresa.

"Cada indústria tem uma estrutura subjacente ou um conjunto de características económicas ou técnicas fundamentais que dão origem a estas forças competitivas. O estratega, que pretende posicionar a sua empresa para lidar da melhor forma com o seu ambiente empresarial ou para influenciar esse ambiente a favor da empresa, s, deve aprender o que faz o ambiente funcionar (Porter, 1979). "

O principal objetivo do modelo original consiste em determinar o potencial de uma empresa ou de um sector com base nas cinco forças competitivas, nomeadamente os potenciais participantes, o fornecedor, o comprador, os substitutos e a concorrência no próprio sector. Estes cinco elementos serão analisados nesta parte do trabalho de tese.

1. Participantes potenciais

De acordo com Porter, existem 6 grandes obstáculos a ter em conta pelos novos operadores:
- Economias de escala

- Diferenciação de produtos
- Requisitos de capital
- Desvantagens em termos de custos, independentemente da dimensão
- Acesso aos canais de distribuição
- política governamental

Todos os domínios acima mencionados influenciam os novos operadores, independentemente do sector. Uma empresa estabelecida tem sempre vantagens sobre os novos operadores; vantagens como a relação estabelecida com os clientes ou a competência no âmbito da cadeia de abastecimento, que resultam num processo de produção mais eficiente, num maior volume e numa rede de distribuição que funciona bem. Os potenciais novos operadores devem estar conscientes destas vantagens das outras empresas e tentar compensar as suas deficiências. É igualmente de salientar que uma empresa estabelecida desenvolveu um melhor conhecimento das preferências do cliente, o que resulta numa melhor personalização dos produtos. É essencial que um novo operador obtenha informações suficientes sobre as seis áreas acima mencionadas e faça um esforço para compensar a sua falta de experiência na indústria em perspetiva, a fim de minimizar os riscos potenciais. É também de salientar que, para aumentar a competência fora da empresa, é aconselhável aplicar a correlação e a externalização.

2. Fornecedor

As duas principais características de um fornecedor são a possibilidade de troca e a exclusividade dos seus produtos ou serviços. Uma empresa que oferece um produto único não pode ser facilmente substituída por um concorrente devido à sua exclusividade. É igualmente vantajoso participar no processo de desenvolvimento do produto, uma vez que os fornecedores podem afetar o processo no seu próprio interesse em termos de escolha e desenvolvimento dos componentes. Para que os fornecedores criem uma vantagem competitiva, precisam de diferenciar os seus produtos de mercadorias para produtos personalizados. Desta forma, o fornecedor ganha mais competência porque mudar de fornecedor seria mais difícil e mais dispendioso para o comprador.
(Kenth.R.Lumsden, Ola Hultkrantz, Pehr-Ola Persson, Competitive Strategies for Logistics Companies in the e-commerce era, 2001).

Porter (1979) refere uma série de domínios que definem o poder do fornecedor. Os domínios mais significativos são os seguintes:

- O produto é único ou, pelo menos, diferenciado de outras mercadorias
- O fornecedor conseguiu acumular custos de mudança de fornecedor
- O fornecedor não é obrigado a concorrer com outros produtos à venda
- Posições dos fornecedores como uma ameaça credível de integração na atividade do sector
- O sector não é um cliente importante do grupo de fornecedores

3. Compradores

O fator mais significativo em relação aos compradores ou consumidores é a dimensão do grupo de compradores ou, por outras palavras, a quantidade de bens encomendados desempenha um papel importante. Isto também afecta o nível de normalização do produto e pode fazer variar o preço e a qualidade dos produtos. medida que avançamos a jusante ao longo da cadeia de abastecimento, o poder do comprador aumenta devido à evolução do produto para o estatuto de mercadoria. Em contrapartida, o poder do fornecedor diminui devido à influência do comprador na relação cliente-comprador. Do mesmo modo, Porter (1979) apresenta os factores mais essenciais que reforçam o poder do comprador, como a seguir se indica:

- O comprador está concentrado ou compra grandes volumes
- As mercadorias do comprador são normais ou indiferenciadas
- O comprador adquire uma componente do produto de uma indústria que representa uma fração significativa dos seus custos.

- Obtém lucros reduzidos, o que constitui um incentivo para reduzir os custos de aquisição
  - O produto do fornecedor não é importante para a qualidade dos produtos ou serviços do comprador
  - O produto do fornecedor não poupa o dinheiro do comprador
  - Caso o comprador represente uma ameaça credível de integração inversa para fabricar o produto do sector

4. Substitutos

Por definição, de acordo com Porter (1979), se um produto ou serviço tem a mesma função que o produto ou serviço original, é designado por substituto. O objetivo de um produto ou serviço substituto é atrair mais clientes no mesmo domínio.
Outro objetivo pode ser o de limitar os preços dentro da empresa.

"Os substitutos limitam os rendimentos potenciais de um sector, colocando um teto nos preços que as empresas do sector podem cobrar de forma rentável. Quanto mais atractiva for a alternativa preço-desempenho oferecida pelos substitutos, mais firme será o limite dos lucros do sector" (Porter, 1980).

Os substitutos mais eficientes são aqueles que servem para melhorar a relação preço-desempenho com o produto da indústria ou são produzidos por indústrias que obtêm muitos lucros. Os substitutos devem ser utilizados rapidamente e no momento certo para impor a redução dos preços ou para aumentar o desempenho (Porter, 1979).

5. Concorrentes do sector

Da mesma forma que Porter indica as características mais importantes de cada ramo de atividade, indica as seguintes áreas para os concorrentes do sector, tal como a seguir se indica:

- Existem demasiados concorrentes ou os concorrentes são quase iguais em termos de dimensão ou poder no sector.
- Conflito imprevisto pela quota de mercado
- O produto ou serviço carece de diferenciação
- A alteração dos custos dos fornecedores reforça a relação fornecedor-comprador e dificulta a entrada dos rivais na concorrência.
- O crescimento do sector é lento
- Os custos fixos são elevados ou o produto é instável
- Criar uma forte provocação para baixar os preços
- A capacidade é aumentada em grandes volumes
- As barreiras à saída são elevadas
- Os concorrentes são diferentes em termos de estratégias, origem ou características

É claro que há outros factores envolvidos e que podem diferir de uma indústria para outra. Num mercado de componentes normalizados, é óbvio que a concorrência é feroz, ao passo que em domínios mais especializados a concorrência não é tão intensa e é orientada para diferentes soluções em vez de uma só.

Capítulo 11

PREDICÇÃO: Como será o futuro?

Internet das coisas (IOT)

Na minha humilde opinião, o impacto das TI e dos computadores vai tornar-se mais profundo nas indústrias e as empresas que se aperceberem da tendência mais rapidamente devem fazer as alterações necessárias nas suas estruturas da cadeia de abastecimento, de modo a continuarem a ser empresas lucrativas e a terem uma vantagem sobre os concorrentes. Como se viu antes e se verá no futuro, as regressões económicas ocorrem em tendências cíclicas e uma coisa é certa, elas darão a volta e as únicas empresas que podem sobreviver são as que se preparam para isso e são suficientemente adaptáveis para se conformarem com as realidades que são inevitáveis. A IOT é o futuro das cadeias de abastecimento e, muito provavelmente, é a resposta à pergunta "Como será o futuro das cadeias de abastecimento?"

Esta tese não é sobre IOT, mas gostaria de deixar algumas linhas sobre IOT para dar aos leitores algum alimento para as suas reflexões.

O objetivo é introduzir o conceito de Internet das Coisas (IOT) e a forma como este afectará a natureza do mundo real, bem como o comércio e o futuro das empresas. Em particular, a utilização de RFID, de pilhas IP e de servidores Web está a tornar os objectos do quotidiano "objectos inteligentes". Parece que a Internet dos computadores está a evoluir para um nível diferente, que poderia ser designado por Internet das Coisas.

Capítulo 12

A visão

"Dentro de algumas décadas, os computadores estarão integrados em quase todos os produtos industriais." (Karl Steinbach, 1966)

Em quase um quarto de século desde a utilização da World Wide Web, toda a base do comércio e da relação da cadeia de abastecimento mudou completamente. Tal deve-se sobretudo ao facto de o comportamento dos clientes ou consumidores ter mudado e ter sido completamente informatizado. Atualmente, as maiores empresas do mundo são as que dominam e incorporam com êxito a utilização das TI nas suas redes de cadeia de abastecimento; para citar algumas, podemos referir o Facebook, a Google, a Amazon, o eBay, o Alibaba, a Uber, etc. De acordo com Phillips, em 2015, as vendas em linha representaram 7,4% das despesas globais de retalho nos EUA; as vendas através de dispositivos móveis aumentaram a uma taxa significativa de até 27% de todas as vendas em linha (Rao, 2015; Malcolm, 2015). Hoje em dia, todas as empresas estão a competir para estabelecer uma melhor "relação digital" com os clientes (Phillips 2015) e, consequentemente, isso irá alterar toda a estrutura das cadeias de abastecimento e dos canais de relacionamento com os clientes. Pode afirmar-se com certeza que, devido às mudanças nas TI e às digitalizações, a vida dos clientes vai mudar com o aparecimento da Internet das Coisas (IOT), da Inteligência Artificial, da aprendizagem profunda, dos objectos inteligentes e assim por diante.

Basicamente, a Internet das Coisas pode ser definida como a extensão da Internet ao mundo real e aos objectos do quotidiano. Os objectos físicos estão cada vez mais ligados ao mundo virtual e podem funcionar como pontos de acesso, pelo que podem ser controlados remotamente. A ideia foi avançada por Mark Weiser no início dos anos 90, quando referiu que a Internet das Coisas torna a computação disponível em todo o lado, em muitos objectos diferentes e não apenas nos computadores. No entanto, isto pode abrir enormes oportunidades económicas e individuais, mas também envolve riscos e exige, sem dúvida, imensos desafios tecnológicos e sociais.

A Internet das Coisas baseia-se na convicção de que os avanços da eletrónica e da microeletrónica continuarão, num futuro previsível, a conquistar mais aspectos das nossas vidas. As principais razões subjacentes a este desenvolvimento constante são a diminuição do tamanho, a constante redução dos preços e a diminuição do consumo de energia dos processadores e dos módulos de comunicação. Como resultado, os componentes electrónicos mencionados são cada vez mais utilizados em objectos do quotidiano.

Um aspeto importante da IOT são os "objectos inteligentes"; é agora evidente que a comunicação incorporada e a tecnologia da informação têm o poder de revolucionar a utilidade dos objectos do quotidiano mais do que nunca. Estes objectos estão agora equipados com sensores e processadores para poderem perceber o seu contexto e as capacidades de ligação em rede incorporadas permitem-lhes comunicar, aceder ao serviço Internet e interagir com outros objectos e pessoas. Por outras palavras, os objectos habituais estão a ser "modernizados digitalmente" e, consequentemente, o seu valor acrescentado aumenta substancialmente. Já pode ver muitos exemplos do assunto discutido no mercado à sua volta. Hoje em dia, repara que máquinas de costura, bicicletas de exercício, máquinas de lavar roupa, fotocopiadoras e muitas outras máquinas estão a ser "computorizadas" e equipadas com interfaces de rede.

A conetividade dos objectos do quotidiano com a Internet pode ser utilizada para observar o estado e os processos desses objectos e recolher estatísticas e dados, o que, em muitos domínios de aplicação, pode poupar muitos custos e permite um controlo e uma gestão eficientes. Um exemplo da questão mencionada poderia ser nas linhas de produção ou mesmo na interação dos componentes da cadeia de abastecimento. A capacidade de reagir às operações de forma automática, rápida e informada não só abre novas oportunidades para lidar com questões complexas, como também permite otimizar uma vasta gama de processos empresariais. A interpretação em tempo real dos dados do mundo físico conduzirá muito provavelmente à introdução de muitos serviços empresariais inovadores e poderá proporcionar benefícios económicos e sociais significativos.

O termo "IOT" foi popularizado pela primeira vez pelo trabalho do departamento de Auto-ID do Massachusetts Institute of Technology (MIT), que começou a conceber uma infraestrutura RFID entre empresas em 1999. Mais tarde, em 2002, o seu cofundador, Kevin Ashton, foi citado na revista Forbes afirmando que "precisamos de uma Internet para as coisas, uma forma normalizada de os computadores compreenderem o mundo real". No entanto, esta não foi a primeira noção do termo; já em 1999, a mesma noção foi utilizada por Neil Gershenfeld do MIT Media Lab no seu popular livro "When Things Start to Think".

A Internet das coisas não é o resultado de um único avanço tecnológico inovador em si mesmo, mas antes uma combinação de vários desenvolvimentos técnicos complementares reunidos para colmatar o fosso entre o mundo virtual e o mundo físico. Estas capacidades incluem:

- Comunicação e cooperação: os objectos podem ligar-se em rede aos recursos da Internet e interagir com o mundo, utilizar os dados e serviços e atualizar o seu estado; as tecnologias sem fios, como GSM e UMTS, WiFi, Bluetooth, Zigbee e, em especial, as redes pessoais sem fios (WPAN), são de primordial relevância e importância na matéria em apreço.
- Localização: os objectos inteligentes têm conhecimento da sua localização física ou podem ser localizados. GPS, tecnologias ópticas, medição de tempo por ultra-sons, UWB (Ultra-Wide Band) são tecnologias adequadas para este fim.
- Identificação: os objectos inteligentes podem ser identificados de forma única. RFID, NFC (Near Field communication) e códigos de barras legíveis opticamente são exemplos que provam que os objectos, mesmo sem um processador interno ou fontes de energia incorporadas, podem ser identificados. A identificação permite que os objectos sejam ligados a dados associados relacionados com o objeto e a informação pode ser recuperada de um servidor ao qual o mediador está ligado.
- Endereçabilidade: os objectos inteligentes podem ser endereçados e localizados através da descoberta de serviços de nomes ou simplesmente sendo procurados e, por conseguinte, podem ser acedidos ou configurados remotamente. A acessibilidade e a gestão remotas são uma das maiores vantagens da tecnologia em apreço.
- Interfaces de utilizador: os objectos inteligentes podem comunicar direta e mesmo indiretamente (através de telefones e relógios inteligentes) com as pessoas. Exemplos de interfaces de utilizador são: interfaces de utilizador tangíveis, ecrãs à base de polímeros e métodos de reconhecimento de voz ou de impressões digitais.
- Atuação: os objectos equipados com actuadores podem manipular o seu ambiente, por

exemplo, convertendo sinais eléctricos em movimentos mecânicos. Esses actuadores podem ser utilizados para controlar remotamente processos do mundo real através da Internet.

- Processamento de informação incorporado: os objectos inteligentes possuem um processador ou microcontrolador e têm capacidade de armazenamento ou memória. Estes podem ser utilizados para processar e interpretar as informações dos sensores e para manter um registo da sua utilização.
- Deteção: os objectos inteligentes podem recolher informações sobre o que os rodeia utilizando detectores ou sensores. Desta forma, os dados podem ser recolhidos e armazenados ou transmitidos, ou podem ser configurados para reagir a alterações em conformidade.

Capítulo 13

Conclusões

- Ao longo de todo o documento, as vantagens e desvantagens da partilha de informações foram investigadas e elaboradas minuciosamente. No mercado atual, as incertezas devidas às condições da procura estão a aumentar drasticamente; por conseguinte, as cadeias de abastecimento interligadas e a partilha de informações são um facto inevitável para as empresas. Além disso, a existência de oportunismo neste mercado pode ser um incentivo para os membros da cadeia explorarem a partilha de informações. Como já foi referido, as principais vantagens da partilha de informações nas cadeias de abastecimento incluem: clareza contratual, adaptação e capacidade de resposta às incertezas, facilitação das inter-relações da cadeia de abastecimento e redução do oportunismo. As desvantagens da partilha de informações também foram analisadas neste documento e incluem: riscos técnicos, riscos de gestão, riscos de custos, riscos de lucro e riscos morais. Além disso, neste documento discutiu-se se seria possível alcançar um equilíbrio e sugeriram-se novas abordagens de investigação. Neste trabalho de projeto, foram também apresentados alguns mecanismos conceptuais que motivam a participação dos membros da cadeia de abastecimento na implementação da partilha de informação.
- Neste trabalho de tese, o modelo das cinco forças de Porter foi utilizado para ilustrar algumas das tendências recentes na logística e a forma como as empresas de logística podem tirar partido da Internet, dos avanços tecnológicos e do comércio eletrónico. O "modelo das cinco forças de Porter" original e as características detalhadas de cada ramo do modelo também foram investigados e revistos neste trabalho de tese. Os estudos demonstram que a utilização da Internet e do comércio eletrónico recentemente criado vai alterar toda a estrutura da metodologia convencional de relacionamento da cadeia de abastecimento. É também de notar que cria novas oportunidades para as empresas de logística tirarem partido delas. Não é claro quais serão estas alterações, mas é possível distinguir as alterações em consequências a montante e a jusante. A principal consequência a montante é que o ponto de encomenda do cliente (COP) será deslocado para montante, em direção ao produtor, e o sistema evoluirá, portanto, para uma "estratégia de atração". Isto exigirá um sistema de informação mais eficiente e bastante mais avançado, mas conduzirá a níveis de inventário reduzidos, o que também resulta numa menor imobilização de capital. As consequências ditas a jusante são as que dizem respeito à distribuição efectiva dos produtos aos clientes. O resultado mais claramente previsível é a redução da dimensão das remessas, o aumento do número de remessas e do número de endereços de entrega, o que, por sua vez, conduzirá a sistemas de distribuição mais complexos e a mais tarefas para as empresas de transporte e logística.
- O modelo das cinco forças é uma ferramenta útil para avaliar a situação e prever os riscos e as ameaças e, ao mesmo tempo, serve para proporcionar uma vantagem competitiva em relação a outras empresas, tendo em vista o êxito e a rentabilidade da empresa.
- Um cenário optimizado possível é aquele em que a empresa de logística se torna parte do sistema de produção, recebendo sinais diretamente do sistema ERP ou APS; as atribuições de transporte são reservadas automaticamente pelo sistema. Neste sistema, a função logística torna-se uma parte integrada de um sistema mais vasto, podendo utilizar a informação disponível no resto do sistema de produção.

- No final, o autor fez uma previsão sobre o futuro das cadeias de abastecimento, sobre a IOT e sobre a forma como os avanços da Internet e das TI vão mudar o futuro das cadeias de abastecimento e sobre o que as empresas devem esperar que aconteça no futuro. Escusado será dizer que a mudança é inevitável e que as empresas mais adaptáveis são as vencedoras, enquanto as que são resistentes à mudança estão condenadas a abandonar a atividade. As regressões económicas são tendências cíclicas e voltarão a acontecer como já aconteceram antes. Apenas as empresas preparadas e os avaliadores de risco inteligentes são os que terão sucesso no futuro.

Referências

Livros:

Craig G, Bruce W, Stephen C. (2012) *Six Sigma for dummies 2nd edition*

Ejvegard, R. (1996) *Vetenskaplig metod 2 ed.* Lund ISBN: 914436366124

Fitzgerald, L. Johnston, R., Brignall, T, J., Silvestro, R. e Voss, C. (1991).*Performance Measurement in Service Businesses*. CIMA. Londres. ISBN:0- 948036-78-8

Wallen. G. (1996) *Vetenskapsteori och forskningsmetodik. 2 ed.* Lund ISBN: 9144366523

WomackJ. andjones D. *Lean Thinking Banish Waste and Create Wealth in Your Corporation* 2003 ISBN: 978~0743249270

Anand, Krishnan S., Mendelson, Haim, "Information and organisation for horizontal multimarket coordination", Management Science, Vol. 43, No. 12, 1997, pp. 16091627.

Anderson, S., e H. Dekker. 2009b. Strategic cost management in supply chains, part 2: Executional cost management. Accounting Horizons 23 (3): 289-305.

Bititci, U., Carrie, A. e McDevitt,L. (1997). Sistemas integrados de medição do desempenho: um guia de desenvolvimento. International Journal of Operations and Production Management, Vol. 17, n.º 5/6, pp. 524-528

Brickley, J., C. Smith, e J. Zimmerman. 1997. Managerial Economics and Organizational Architecture. Boston, MA: Irwin McGraw-Hill.

Buchanan, L. 1992. Relações comerciais verticais: The role of dependence and symmetry in attaining organizational goals. Journal of Marketing Research 29 (1): 65-75.

Buvik, A., e G. John. 2000. When does vertical coordination improve industrial purchasing relationships? Journal of Marketing 64 (4): 52-64.

Byrne, B. 2001. Structural Equation Modeling with AMOS: Basic Concepts and Applications. Nova Iorque, NY: Taylor and Francis Group.

Cachon, Gerard P., Fisher, Marshall, "Supply chain inventory management and the value of shared information", Management Science, Vol. 46, No. 8, 2000, pp. 10321048.

Chemrec, 2008. *A Deutsche Post DHL está a liderar o caminho para os transportes sustentáveis*. [em linha] Disponível em: <http://chemrec.se/DHL-Leading-the-Way-towards-Sustainable- Transports.aspx>

Chen, I., e A. Paulraj. 2004. Towards a theory of supply chain management: The constructs and measurements. Journal of Operations Management 22 (2): 119-150.

Cronin, Ben (2000) Network Wars, Logistics Europe, outubro.

Crook, T., e J. Combs. 2007. Sources and consequences of bargaining power in supply chains (Fontes e consequências do poder de negociação nas cadeias de abastecimento). Journal of

Operations Management 25 (2): 546-555.

Dekker, H. 2008. Partner selection and governance design in interfirm relationships. Contabilidade, Organizações e Sociedade 33 (7-8): 915-941.

Desiraju, Ramarao, Moorthy, Sridhar, "Managing a distribution channel under asymmetric information with performance requirements", Management Science, Vol. 43, No. 12, 1997, pp. 1628-1644.

Deutsche Post DHL, 2011. *Desbloqueando o potencial de cerca de 470.000 pessoas*. [online] Disponível em: <http ://www .dp-dhl.com/en/about_us/first_choice/methodology .html>

Ericsson Dog (2000), E-Logistics, Key to success in the digital economy, Atenas, Grécia.

Fisher, M. 1997. Qual é a cadeia de abastecimento correcta para o seu produto? Harvard Business Review 75 (2): 105-116.

Flapper, S., Fortuin, L. e Stoop, P. (1996). Towards consistent performance management systems. Internal Journal of operaqtions and Production management, Vol. 14, No. 7, pp. 40-50

Goldratt, Elihayu M., The Haystack Syndrome, North River Press, Croton-on-Hudson, NY, 1990.

Gosman, M., T. Kelly, P. Olsson e T. Warfield. 2004. The profitability and pricing of major customers. Review of Accounting Studies 9 (1): 117-139.

Groothedde, B., Ruijgrok, C., Tavasszy, L., 2005. *Rumo a redes de centros intermodais de colaboração: A case study in the fast moving consumer goods market*. [em linha] Disponível em: <http://www.sciencedirect.com/science/article/pii/S1366554505000475>

Gundlach, G., e E. Cadotte. 1994. Exchange interdependence and interfirm interaction: Research in a simulated channel setting. Journal of Marketing Research 31 (4): 516-532.

Harrison, A., van Hoek, R. (2011). *Logistics Management& Strategy, Competing Through the Supply Chain*. 4th ed. Essex: Pearson Education Limited.

Holmstorm, Jan, "Implementing vendor managed inventory the efficient way: A case study of partnership in the supply chain", Production and Inventory Management Journal, Vol. 39, No. 3, 1998, pp. 1-5.

Iyer, Ananth V., Bergen, Mark E., "Quick response in manufacturer-retailer channels", Management Science, Vol. 43, No. 4, 1997, pp. 559-570.

Kanji, G (2002). Sistema de medição do desempenho. *Gestão da Qualidade Total*. Vol 13, Número 5, p 711.

Lee, Hau L., Padmanabhan, V., Whang, Seungjin, "Information distortion in a supply chain: The bullwhip effect", Management Science, Vol. 43, No. 4, 1997a, pp. 546-

Lee, Hau L., Whang, Seungjin, "Decentralized multi-echelon supply chains: Incentives and information", Management Science, Vol. 45, No. 5 (1999), pp. 633-640.

Lee, Hau L., Whang, Seungjin, "Winning the last mile of e-commerce", Sloan Management

Review, Vol. 42, No. 4, 2001, pp. 54-62.

Lee, H., V. Padmanabhan, e S. Whang. 1997. Information distortion in a supply chain (Distorção da informação numa cadeia de abastecimento). Management Science 43 (4): 546-558.

Lumsden K, R., (1998), Logistikens grunder, p27-31, 223-225, Studentlitteratur, Lund

Lumsden, K., R., Hulthdn, Lars, A., R., Waidringer, Jonas (1998) In Opening markets for Logistics, the Annual Conference for Nordic Researchers in Logistics - 10th NOFOMA 98 (Ed, Bask, A. H. a. V., A.P.J.) Finnish Association of Logistics, Helsínquia, Finlândia

Molho, I., The Economics of Information: Lying and Cheating in Markets and Organizations, Blackwell, Oxford, 1997.

Moorthy, K. Sridhar, "Theoretical modelling in marketing", Journal of Marketing, Vol. 52, No. 2, 1993, pp. 92-106.

Narayanan, V. G., e A. Raman. 2005. Aligning incentives in supply chains [Alinhamento de incentivos nas cadeias de suprimentos]. Harvard Business Review (Nov): 38-45.

Persson, Pehr-Ola (2000), The Logistics of e-commerce, Tese de Mestrado, Departamento de Transportes e Logística, Universidade de Tecnologia de Chalmers, Gotemburgo.

Porter, Michael E. (1979), How competitive forces shape strategy, Harvard Business Review, março, páginas 137-145.

Porter, Michael E. (1980), Competitive Strategy, The Free Press.

Porter, Michael E. (2001), Strategy and the Internet, Harvard Business Review, março, páginas 63-78

Schonfeld, Erick, "The customized, digitised, have-it-your-way economy", Fortune, Vol. 138, No. 6, 28 de setembro de 1998, pp. 114-124.

Simatupang, Togar M., Sridharan, R., "The collaborative supply chain: A scheme for information sharing and incentive alignment", Research Manuscript, Massey University, 2001.

Simchi-Levi, David, Kaminsky, Philip, Simchi-Levi, Edith, Designing and Managing the Supply Chain: Concepts, Strategies, and Cases, McGraw-Hill, Londres, 1999. Tuomi, Ilkka, "Data is more than knowledge: Implications of the reversed knowledge hierarchy for knowledge management and organizational memory", Journal of operations management 61 (4): 30-54.

Sinclair, D. e Zairi, M. (2000). Performance measurement: *International Journal of Management Reviews*, Vol. 2

Stainer, A. (1997) Logistics: a productivity and performance perspective. *Supply Chain Management: An International Journal*, Vol. 2, pp. 47-60

Van der Vaart, T., e D. Van Donk. 2008. A critical review on survey-based research in supply chain integration [Uma análise crítica da investigação baseada em inquéritos sobre a integração da cadeia de abastecimento]. International Journal of Production Economics 111 (1): 42-55.

Vickery, S., J. Jayaram, C. Droge e R. Calantone. 2003. The effects of integrative supply chain strategy on customer service and financial performance: An analysis of direct versus indirect relationships. Journal of Operations Management 21 (5): 523-539.

Vuorinen, I., Jarvinen, R. e Lehtinen, U. (1998). Content and measurement of productivity in the service sector. *International Journal of Service Industry Management* pp.350-370

Zhao, X., B. Huo, B. Flynn e J. Yeung. 2008. The impact of power and relationship commitment on the integration between manufacturers and customers in a supply chain. Journal of Operations Management 26 (3): 368-388.

Zhou, H., e W. C. Benton. 2007. Supply chain practice and information sharing. Journal of Operations Management 25 (6): 1348-1365.

Printed by Books on Demand GmbH, Norderstedt / Germany